新编21世纪职业教育精品教材
电子商务类

实战型教材

直播文案写作

主　编　辛丽如
副主编　谢莲珍　吴苑莎
参　编　陈锐虹　林冰钿　王　冰

Zhibo Wen'an
Xiezuo

PPT课件　电子教案　课程标准　习题试卷

中国人民大学出版社
· 北京 ·

前言 PREFACE

随着直播行业爆发式发展，直播已成为商家越来越重要的销售渠道。而文案，是直播的灵魂，是主播打动消费者的语言。主播依靠文案来说服消费者，激发消费者的购买热情。文案决定了一场直播的成败，决定了直播营销的效果。好的文案不是凭空想象出来的，而是需要一套综合、系统的科学方法，从消费者的角度出发，抓住消费者的心理，在第一时间吸引消费者的注意，进而让消费者做出成交举动。

本书针对直播文案岗位，从基础认知、能力提升入手，根据直播文案工作流程，详细介绍引流推广、直播话术、单品脚本、整场脚本等写作方法。本书内容层层深入，实例丰富，全方面介绍直播文案写作所需的知识和技能，有效地指导学生进行直播文案写作。

本书采用“项目—任务”式架构，由基础篇、方法篇、实战篇三部分组成，共六个项目，每个项目由不同的任务组成。

本书主要具有以下特点：

1. 工学结合，结构合理

本书针对直播文案工作流程，循序渐进地介绍直播文案写作所涉及的内容，由浅及深、层层深入。每个任务都设置“任务实施”，旨在让学生加强对知识的理解与运用。

2. 案例丰富，学以致用

本书每个项目都由案例引入学习，每个任务都穿插新颖的真实案例，具有代表性、可读性和参考性，可帮助学生快速理解和掌握直播文案写作技巧。

3. 图解教学，资源丰富

本书每个项目均以思维导图呈现本项目学习内容，帮助学生理清学习思路。以图析文，更直观、更清晰地展现直播文案写作的方法和技巧。同时，本书还提供教案、PPT 课件等相关教学资源，以优化教学效果。

4. 思政园地，润物无声

本书将对直播文案写作的讨论同国家经济发展相结合，引导学生深入了解国家政策，思考国家、社会、个人发展的道路。将社会主义核心价值观同自主学习、团队合作、竞争意识等素质融入教学组织的设计，实现“人不言我自行”的沉浸式思政效果。

本书适合作为职业院校电子商务类、直播营销类课程的教材，也可作为直播相关工作人员的参考用书。

本书编写成员均为从事电子商务专业课程教学与实践指导的教师。本书由辛丽如任主编，谢莲珍、吴苑莎任副主编。具体编写分工如下：项目一由辛丽如编写，项目二由陈锐虹编写，项目三由谢莲珍编写，项目四由吴苑莎编写，项目五由林冰钿编写，项目六由王冰编写。

本书在编写过程中得到了广东省粤东技师学院、汕头市澄海职业技术学校等院校和专家的大力支持与帮助，在此表示衷心的感谢！

由于编者水平所限，书中难免存在不当之处，恳请读者批评指正。

编者

2022 年 3 月

CONTENTS

目录

基础篇

方法篇

实战篇

基础篇

项目一　直播文案基础认知

项目二　直播文案能力提升

项目一 直播文案基础认知

项目目标

知识目标

1. 了解直播和直播营销。
2. 了解不同模式的直播营销。
3. 掌握直播文案的作用和分类。

能力目标

1. 能区分不同的直播营销形式。
2. 明确直播脚本的核心要素。

思政目标

1. 了解直播营销和直播文案，感受中国速度、中国力量，培养具有爱国精神的高素质技能人才。

2. 能够对自己的职业生涯规划有深入认知，对直播文案写作有基本的认识，树立良好的职业道德意识。

项目导读

随着网络媒体的快速发展，直播带货的方式逐渐进入大众的视野，电商直播为各大店铺的营销注入了新的活力。作为内容电商的重要形态，电商直播在引流效果和成交效率上遥遥领先。而写出高流量、高转化率的带货文案成为直播的刚需。直播带货推广文案写得好，直播间人气翻一番！本项目从电商直播的现状入手，深入分析直播文案的作用、类型和核心要素等内容。

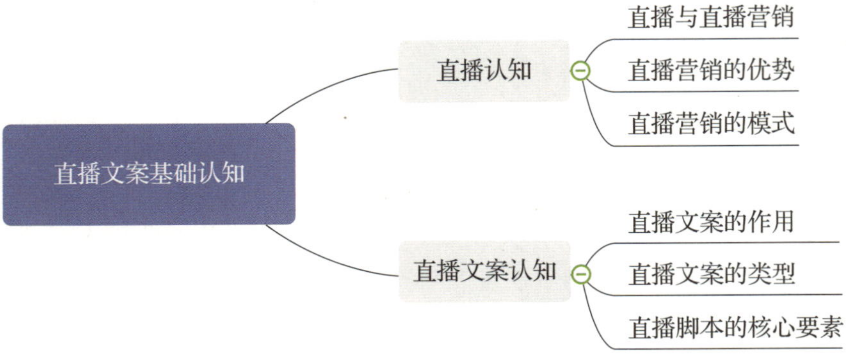

项目引例

“谢谢你为湖北拼单”的直播背后

2020 年 4 月 6 日晚，央视新闻“谢谢你为湖北拼单”公益行动首场带货直播开播（见图 1－1）！“央视段子手”朱广权打破“次元壁”，联合某电商平台，开展了一场别开生面的直播带货活动。这场公益直播吸引了 1 091 万人观看，累计观看次数 1.22 亿，直播间点赞数 1.6 亿。

图 1－1　直播宣传

为了这场直播，朱广权精心准备了文案，从诗词歌赋到文化历史，整场直播可谓是妙语连珠、金句不断！

1. 开场文案

（1）初来乍到，技术不高，手艺不妙，请多关照。亲爱的网友们，今天我命由你不由天，我就属于 ×× 直播间。

（2）烟笼寒水月笼沙，不止东湖与樱花，门前风景雨来佳，还有莲藕鱼糕玉露茶，凤爪藕带热干面，米酒香菇小龙虾，守住金莲不自夸，赶紧下单买回家，买它买它就买它，热干面和小龙虾！

（3）激动的心，颤抖的手，推荐什么大家都买走，而且主播颜值担当，眼里藏星辰，笑里带月光，看得你发慌，不买都得泪汪汪。

2. 卖货文案

（1）卖莲藕：藕代表着佳偶天成，而且无独有偶，吃了藕就不单身了，吃了藕就不会变心，因为"奇变偶不变，符号看象限"，所以吃了藕，海枯石烂心不变。支持湖北你最拼，买完特产去相亲。

（2）卖茶：茶，人在草木间。

（3）卖汽水：不光是情怀，更是畅饮开怀。辉煌于当下，畅饮到未来。

（4）卖鸡爪：鸡爪产地荆州，关羽大意失荆州，大家不要大意失鸡爪。

3. 其他文案

（1）我原来以为最容易的成功是支付成功，现在想来支付成功也不是一日之功。

（2）支持湖北我最拼，我为湖北胖三斤！

（3）谢谢你为武汉拼过单，让我们携手渡难关，大家努力将销量翻一番，像一条大河波浪宽！

两个小时的直播，累计卖出总价值 4 014 万元的湖北商品！直播间推荐的 15 款产品基本都是"秒光"，有网友评论"虽然没有为湖北拼过命，但是为湖北拼了单"（见图 1－2）。

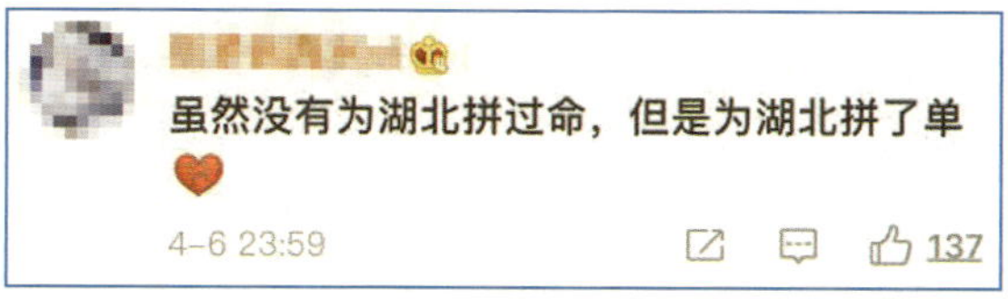

图 1－2　网友评论

案例分析

这场公益直播这么火有以下四个原因：

1. 主播的个人魅力。主播的个人魅力是一场直播成功的关键，朱广权凭借"押韵狂魔""国家级段子手""逼疯手语老师"等话题在社交媒体上收获了众多粉丝。

2. 段子密集，趣味互动。直播说到底是内容营销，最关键是文案内容的输出。朱广权创作了很多极具传播性的金句，极大地调动起直播间的氛围，拉近了主播与用户间的距离，让下单变得理所当然。

3. 选品与价格。这次直播带的货都是高频消费、价格不贵的农副产品，这些产品的目标消费者没有性别和群体之分，可以囤积且消耗速度快，价格大家都消费得起。

4. 直播的公益性质。这场有央视官方背书的公益性直播，是为了帮助湖北人民走出新冠肺炎疫情的阴影，这种公益性质激起了直播间用户的同理心与社会责任感。

任务一 直播认知

情景导入

小琳最近经常通过直播买东西，发现直播是时下最火的变现渠道。她很心动，想要创业，但又不确定自己是否已经准备好进入这个领域，不敢轻易尝试。于是，她找到正在做电商的朋友，打算进一步了解关于直播的信息，再决定是否进入以及以什么角色进入。

任务目标

1. 了解直播和直播营销。
2. 区分不同的直播模式。

知识储备

近年来，直播作为拉动消费增长的新型销售模式，迎来了“万物可播，人人可播，处处可播”的大发展格局。突如其来的新冠肺炎疫情更是直接影响了传统生活方式，“宅经济”和线上消费实现逆势增长。

一、直播与直播营销

1. 直播

传统的直播是广播电视节目的后期合成、播出同时进行的播出方式，比如赛事直播、演出直播、新闻直播等。传统直播技术成熟，为广大电视观众呈现突发事件、重大活动及大型晚会的现场实况，让人们足不出户就能知天下事。

随着“人人都有摄像机”时代的到来，直播的概念有了新的拓展，更多的人关注网络直播。网络直播是一种全新的互联网视听节目，是在电脑、手机等终端设备上使用有线或无线网络进行信息传递，并将现场信息以文字、语音、图像、视频、弹幕等多媒体形式展现的传播方式。当前人们日常提及的直播，多数情况下是基于网络的直播。

2. 直播营销

直播，在丰富互联网表达形式的同时，也为企业带来了一种新的营销方式——直播营销。直播营销是以直播平台为载体，以营销为目的，随着事件的发生、发展，同时制作和播出节目的一种营销方式。

小知识

直播营销的发展历程

萌芽期（2016—2017年）

电商平台开启“直播+内容+电商”模式，旨在降低拉新成本、增强用户黏性。

成长期（2018年）

快手、抖音等短视频及社交平台入局，以直播撬动流量变现。从跳转第三方购物平台模式到自建商品平台模式，短视频及社交平台依靠强大的先天流量优势，为直播营销按下加速键。

爆发期（2019年至今）

进入2019年，平台加码、政府政策支持、头部主播凸显，推动直播营销进入爆发式发展阶段。2020年初，新冠肺炎疫情阴云下的“宅经济”为直播营销渗透率的提升持续“添砖加瓦”，直播营销标配化。

敲黑板

直播营销就是用直播的方式为企业做更高效的营销推广。

二、直播营销的优势

近年来，直播营销作为一种新兴商业模式和互联网业态发展势头迅猛，在促进就业、扩大内需、提振经济等方面发挥了积极作用。直播营销具有以下四个优势，如图 1-3 所示。

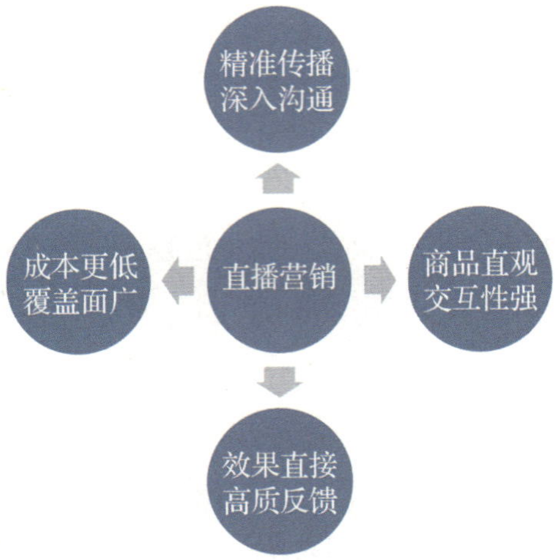

图 1-3 直播营销的优势

1. 成本更低，覆盖面广

直播营销对场地、物料等需求较少，是目前成本较低的营销形式之一。一台智能手机、一间普通的厂房就能做直播营销，节省了大量的场地费和广告费。互联网的特点，让用户无论身在何方，只要进入直播间就能了解到商家的商品和服务。

赏实例

2016 年 5 月 25 日晚，小米公司举办了一场在线直播的新品发布会，小米公司总经理在办公室通过十几家视频网站和手机直播 App，以及自家的“小米直播”App 发布了其生态链产品——小米无人机。采用线上直播的形式，无须租借会议酒店，无须准备户外宣传，无须进行大型会场布置，所花费的成本仅十余台手机而已。

时长 3 小时的发布会在线观看人数最高达到 156 万，通过“小米直播”App 观看的人数超过 100 万，发布会的观看总人数达到 1 092 万，收获超过 300 万星票，刷新小米直播纪录。

2. 精准传播，深入沟通

直播营销是即时性的，经常存在直播时间和用户时间之间的冲突，用户要观看就需要在特定时间段进入直播页面，正是这种播出时间上的限制，让商家能识别并抓住这群具有忠诚度的目标人群。

直播，从另一个角度看，也是通过有仪式感的内容播出形式，让一群志同道合的人聚集在一起。如果商家能在情感层面与用户深入沟通，让用户情绪相互感染，达到共鸣，营销效果则更强。

3. 商品直观，交互性强

直播营销过程中可将主播试吃、试玩、试用等过程直观地展示给用户，更快捷地将用户带入营销场景。商家也能实现与用户的实时互动，能直接解决用户对商品的疑虑，从而达到即时成交的目的。

直播中，用户不仅可与主播进行交流，也可与其他用户进行交流、传达意见，不再是单向观看。这种互动是其他营销渠道很难实现的，其真实性和立体性大大提升了用户的参与感。

4. 效果直接，高质反馈

用户都有从众心理，购物时容易受环境影响，会因“很多人都下单了”“感觉主播使用这款商品效果不错”等而直接下单。直播过程中，运营团队可以看到实时数据，了解直播间商品销售情况，及时掌握营销效果。直播互动是双向的，商家可借此收集老客户的使用反馈和现场用户的观看反馈，便于持续优化商品、优化直播营销过程。

三、直播营销的模式

随着科技不断进步，直播营销模式也在不断创新。每一种模式都有各自的优势与创新点，结合实际情况来选择直播营销模式是每个商家都需要思考的问题。下面从三个不同的分类角度介绍常见的直播营销模式，如图 1－4 所示。

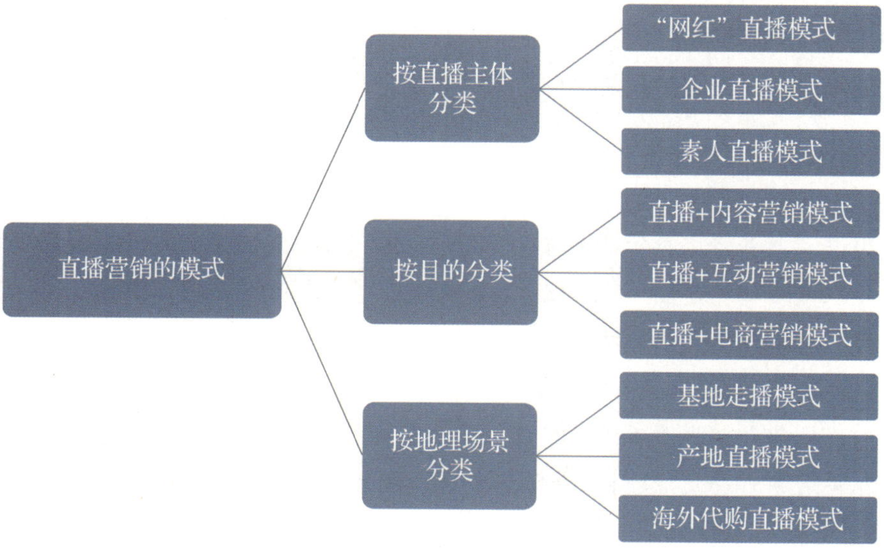

图 1－4　直播营销的模式

1. 按直播主体分类

按直播主体的不同，直播营销分为“网红”直播、企业直播、素人直播三种模式。

（1）“网红”直播模式。

“网红”是直播领域一支主要的力量。“网红”直播主要是借助直播实现流量资源的商业化变现。主要有两种方式：品牌代言直播方式和公司化经营直播方式。

小知识

品牌代言直播方式就是为有关品牌做直播代言，帮助企业、品牌完成直播。比如某“网红”主播为“小米”代言的直播、某些演员等做的直播，都是品牌代言的直播方式。

公司化经营直播方式就是主播有自己的贸易类商业公司，有自己的一套交易体系，形成公司化的运作方式，把直播做成主要的卖货渠道。公司有专门的供应链组织体系，形成一个新的以直播为主的电商形式。

（2）企业直播模式。

企业直播模式是企业建立一套自己的直播营销体系，进行品牌推广、营销推广。这种模式下，企业如果没有私域流量，就要依靠平台的公域流量或商域流量。比如有的企业依靠抖音、快手的流量进行直播。有的企业搭建的直播体系则是基于私域流量的直播方式，依托微信群、小程序直播。

（3）素人直播模式。

素人直播即普通人的直播，在配备一定优惠的基础上，输出产品优势及创意内容，实现从“种草”、体验到购买、复购的闭环，在扩大自身品牌影响、进一步实现品牌年轻化和潮流化的同时，逐步维护并扩建自己的粉丝流量池。

赏实例

2020 年 4 月 8 日，苏宁拼购发力直播，邀请 5 000 多家商户参与“直播直卖节”。有别于其他“网红”带货，苏宁这次打出的是“素人”牌，没有“网红”参与，全靠农户、商户用最接地气的方式直播，给消费者带来原产地的好物。据悉，“直播直卖节”共带货近 70 万单，销售额破 800 万元。

其中一位来自湖北荆州的普通农户现场直播挖藕，从厚重的泥土里拔出一根根新鲜的莲藕（见图 1－5），吸引了众多消费者。湖北秭归县的脐橙同样在直播间受到热捧。两场直播，共助力湖北农户售出近 5 万千克农产品。

图 1－5　某农户直播挖藕

2. 按目的分类

按直播营销目的的不同，直播营销分为直播＋内容营销、直播＋互动营销、直播＋电商营销三种模式。

（1）直播＋内容营销模式。

直播＋内容营销是主播以品牌推广和商品宣传为目的，在直播中亲身试用商品或参与体验的模式。可分为商品体验 / 新品发布、户外 / 旅游两大类别。

赏实例

2017 年 12 月 20 日，联想上市一款与星战 IP 深度绑定的 AR 智能头盔 Mirage，陌陌当红主播现场直播 Mirage 发布会（见图 1－6），从玩家视角深度解读商品体验，直播过程中加入“边看边买”功能，一键直达品牌电商平台，实现销售转化。

2017 年 9 月，蜘蛛侠系列电影新作上映，陌陌与电影发行方合作，邀请电影主演进行采访直播，与观众分享观影感受。为了维持电影持续化热度，陌陌还在直播间开发出电影相关的小游戏（见图 1－7），增强趣味性互动，加深用户印象。

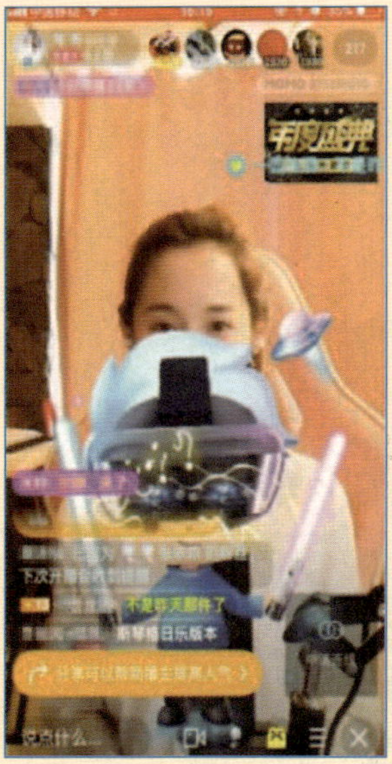

图 1－6　新品发布直播

图 1－7　电影宣传直播

（2）直播＋互动营销模式。

直播＋互动营销模式是指在直播中加入用户参与互动的环节，促进信息的双向交流，加深用户对品牌的印象。比如熊猫直播现已开发出包括但不限于定制礼物、赞助抽奖、冠名口令红包、互动投票及魔力贴等多种广告信息交互展现的形式。

（3）直播＋电商营销模式。

直播＋电商营销模式是指在电商平台内商家为展示商品或采购现场而进行的直播，让用户对于所售卖的商品有更加直观、全方位的了解，如图 1－8 所示。

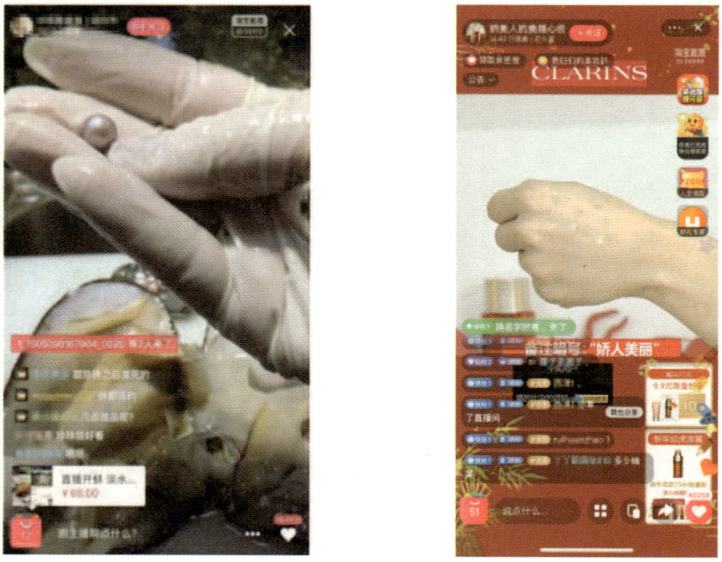

图 1－8　电商平台自营商家直播开蚌取珠和产品试用

考考你

2016 年 5 月，全民 TV 某户外主播直播上海迪士尼乐园一日游，吸引近百万网友围观。观看直播的网友可使用直播平台上的交易货币“牛币”直接购买上海迪士尼乐园的门票。直播不仅为观众带来了迪士尼乐园的深度体验，而且打通了新的购票渠道，为上海迪士尼乐园创造了更多的营收机会。

想一想：该场直播属于哪种直播营销模式？针对这场直播的商业价值，谈谈你的看法。

3. 按地理场景分类

按地理场景的不同，直播营销分为基地走播、产地直播、海外代购直播三种模式。

（1）基地走播模式。

基地走播模式是指在供应链构建直播基地，主播去基地开直播。主播会依据粉丝的需求来筛选商品和款式，基地也会协助主播“演双簧”促进用户下单。该模式主播不用担心货源和库存压力，也不用费心售后服务问题。

（2）产地直播模式。

产地直播模式是主播到原产地直播，性价比高，目前以农产品和生鲜产品直播为主。该模式让用户直面原产地，使他们对食品的来源及安全有信心，更容易促成交易。比如某农户通过抖音在石榴园进行直播，20 分钟内卖出价值 600 万元的石榴（见图 1－9）。

图 1－9　某农户在石榴园直播

（3）海外代购直播模式。

海外代购直播模式是主播在海外给粉丝导购。该模式通常会有一定的价格差，容易出现一些库存量少的商品被哄抢的情况。

敲黑板

随着5G时代的到来，直播模式对传统电商模式的冲击和整合只会更猛烈。直播的繁荣，是从商品时代到社交时代的必然结果。直播营销也远远不止直播卖货这么简单，在未来会有更多的可能。

任务实施

1. 了解直播营销发展趋势

2020年，新冠肺炎疫情对全球经济造成巨大冲击，对人们的生活产生深刻影响。发展了十年之久的直播服务市场在中国企业数字化转型浪潮中，也顺势进入高速发展阶段，直播市场规模达到近40亿元。产业链上下游角色方之间发生了一定的变化，企业直播服务商与其他角色方的合作方式变得更加灵活，合作关系更加紧密。头部企业直播服务商依托自身优势，在市场上站稳脚跟的同时，加速构建竞争壁垒，纵向深耕和横向扩张并驾齐驱。

（1）在当前形势下，你觉得直播服务商该如何和产业链上下游角色方合作才能更好地满足用户多样化的需求？

____

____

（2）继移动直播后，有人预测“下一个直播时代将是VR（虚拟现实）和AR（增强现实）的时代”，可穿戴设备将成为下一个直播时代的主要观看入口。你觉得是这样吗？为什么？

____

____

2. 分析直播营销目的

以下直播内容，属于有营销目的的直播吗？如果是，请分析其营销目的。

（1）游戏主播直播打游戏。

____

（2）美妆博主直播试用某品牌化妆品。

____

（3）滴滴司机直播接送乘客。

____

（4）饭店厨师直播做菜。

3. 探究直播营销价值

2017 年 7 月底，某直播团队联手康定木格措景区做了一场直播活动。

该直播团队带领四个符合景区调性（川渝地区、爱旅游、粉丝多且黏性高）的主播，以游客和探索者的身份进入景区，为观众介绍景区的风景和玩法，并在直播间为观众送上 1 000 张景区套票，成功实现精准流量的导入和转化。

直播前，该直播团队选择适合景区的媒介，在新闻媒体和自媒体对本次活动进行传播。据木格措景区官方数据显示，直播后到景区游玩的人数同比增长将近 50%。

（1）你觉得直播后为什么到景区游玩人数大增？请分析该场直播的营销价值。

（2）该直播模式还能应用于哪些行业的营销？请举例。

任务二 直播文案认知

情景导入

小琳经过了解，发现直播说到底是内容营销，文案内容的输出是直播成功与否的关键。小琳直接加入朋友的公司，跟着直播营销主管学习。主管给小琳布置了任务，先了解文案在直播中起到的作用以及直播文案的分类等基础知识。

任务目标

1. 掌握直播文案的作用和分类。
2. 明确直播脚本的核心要素。

知识储备

直播营销是近年来的新风口，尤其是受新冠肺炎疫情的影响，许多企业与组织机构都纷纷采用直播的方式进行宣传推广，掀起了一场“全民直播”的新风潮。这看似一片蓝海，实则已是众多企业的红海。在激烈竞争之中，如何占据一席之地？提升创作直播文案的能力，是第一步。直播文案是指为了帮助主播更好地介绍商品、活跃直播间气氛、提高直播间人气而精心设计的直播话术。

一、直播文案的作用

用户进入一个直播间前，很多时候是没有购物需求的，但经过主播的介绍，还是“不由自主”地下单，这就是直播文案的厉害之处。直播文案有以下三个作用，如图 1－10 所示。

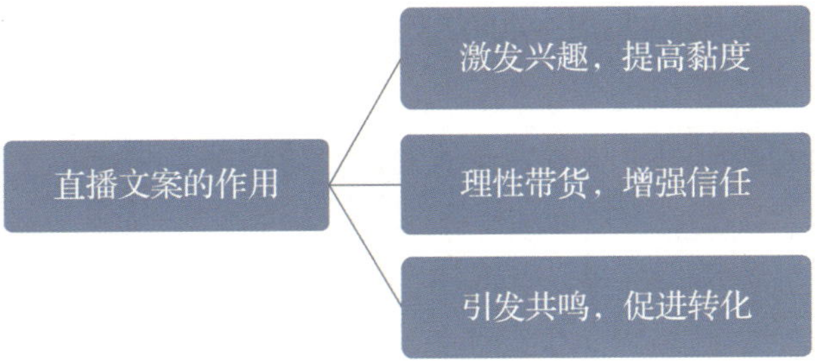

图 1－10　直播文案的作用

1. 激发兴趣，提高黏度

主播在开播前会发布预热文案，通过标题或相关活动引起用户的好奇心，激发用户兴趣。如图 1－11 所示，标题只提到用户关注的事——换季上新，没有详细说明有哪些新品，能引起用户好奇心，吸引用户前往直播间观看直播。

图 1－11　“换季上新”直播预热

直播是一种即时性、强互动的形式。主播与用户的互动，满足用户寻求陪伴、娱乐消遣的需求。主播通过分析用户喜好，构建一个让人放松的直播间，提高用户黏度，留住用户。为了提高直播的完播率，主播也会在互动中提醒用户：“一定要看到最后，有惊喜！”

赏实例

知名某主播在描述口红色号的时候用词千变万化，同一个色号也能有多种不同的表达：“好闪！五克拉的嘴巴！”“这支唇膏在嘴巴上跳舞！”“×××（著名演员）也会用的一支口红！”

2. 理性带货，增强信任

直播过程中，主播采用朴实的文案理性“吐槽”商品，反而使得直播更加真实，增强用户的信任度，让用户感受到主播是在为用户选货而不是一味地卖货。

赏实例

某主播在介绍口红色号时，“吐槽”一些不好看的色号是“十年前的迪厅颜色”“20 年前妈妈涂的颜色”，并配以嫌弃的表情。

3. 引发共鸣，促进转化

主播在带货的同时，针对商品和用户构建情景，更能吸引用户，引发用户共鸣，从而激发用户的购买欲望，促进销售转化。构建情景的文案也可以给用户更多的想象空间，让用户在当下有下单的冲动。

赏实例

（1）“用了这支口红，你就是‘贵妇’，我满脑子都是雍容华贵的场景。”

（2）“在重要场合涂上它，你就是全场的主角。”

（3）“薄涂有青春少女的活力。”

（4）“买了扫地机器人，你就是女主人，叫它扫哪里它就扫哪里。”

二、直播文案的类型

不同的直播环节，使用不同的直播文案。直播文案分为直播预热文案、直播开播文案、直播互动文案、直播卖货文案、直播促单文案、直播下播文案，如图 1－12 所示。

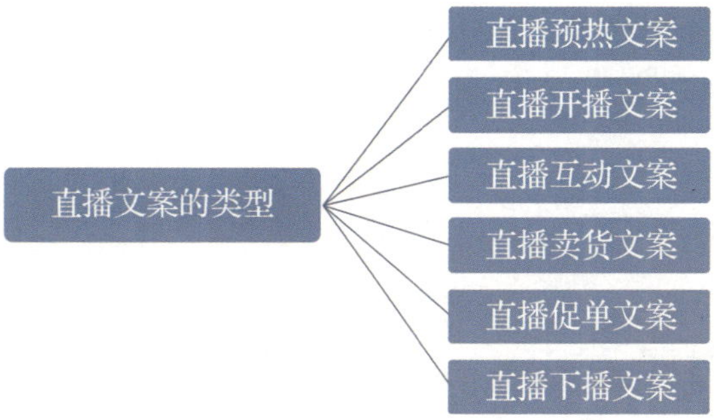

图 1－12 直播文案的类型

1. 直播预热文案

直播预热文案是通过预热文案或倒计时海报来让用户获取直播信息，主要包括直播时间、直播主题和品类、直播价值传递等内容。通过直播平台、公众号、朋友圈等各类渠道，让用户提前了解直播优惠及福利。优秀的预热文案能抓人眼球，让用户产生兴趣，从而进入直播间。

赏实例

（1）下班回家后 1 小时提高自己的 *n* 个小方法。

（2）21 种画眉小技巧，来我的直播间，教你快速上妆。

（3）好物返场 + 新鲜挑选，好吃好喝好用，劲爆价格等你来。

（4）基本上不赚钱，交个朋友。

2. 直播开播文案

在直播中，用户的第一印象是非常重要的。直播开播文案主要是为了留住更多的用户。有欢迎文案、直播商品或福利的剧透等。和用户打招呼后主播就可以按照提前规划好的场景，将本场直播的所有商品逐一剧透，介绍本场直播的福利，比如互动抽奖、派发红包，以活跃直播间，聚集人气。比如某主播的每场直播开始都是那句：“话不多说，我们先来抽拨奖。”

赏实例

（1）“大家好呀！欢迎大家来我的直播间，喜欢主播的可以先点个关注哦！”

（2）“欢迎各位帅哥美女来到我的直播间，关注主播不迷路，一言不合就分享！”

（3）“欢迎 ××× 捧场，进来的帅哥美女，刷刷弹幕，让我看到你哟！”

3. 直播互动文案

直播互动文案是指导用户关注、点赞、抽红包、调动气氛等。要留住用户、提高转化率，就要和用户互动，除了实时回复用户提问，还要时刻引导用户发弹幕评论，提高直播间的互动率。

赏实例

（1）“我们有限量秒杀，仅限关注主播和加粉丝团的宝宝，还没有点关注的宝宝上方点个关注，加入我们的粉丝团。”

（2）“想要 a 款的扣 1，要 b 款的扣 2。”

（3）“小伙伴们在哪里？扣屏回复 111，让我看到你！主播马上就要开始抽奖了哦！”

（4）“下面是大家最期待的环节啦！马上就要开始抽奖，关注我，回复 666，截屏第一位小伙伴，我们的小助理会私信你，今天的这份大礼包就是你的啦！”

4. 直播卖货文案

直播卖货文案主要是介绍商品，突出优点，突出品质，突出价格优势，借助权威背书、利用用户的从众心理打消用户疑虑。直播卖货更多的是从用户视角，评测、试用、试穿、试吃。现场试用商品，再分享使用体验与效果，验证商品功能，能更好地激发用户的使用需求和购买欲望。

赏实例

（1）“×××也在用的产品，我们直播间 59 元包邮，已经卖了 14 万件了，评分 4.9 分！”

（2）“便秘的、拉肚子的人可以喝；早上不想做早餐，可以泡一杯奶，加几块饼干。”

主播现场试吃、试穿如图 1－13、图 1－14 所示。

图 1－13　主播试吃

图 1－14　主播试穿

5. 直播促单文案

直播促单文案主要是营造抢购的氛围，给用户发出行动指令，激起用户下单的欲望。促单文案要重复强调直播间的价钱优势和限时限量，让用户产生紧迫感，让用户感觉如果现在不买，就再也没有这样的机会了。

赏实例

（1）“不用想，直接拍！优惠数量有限，厂家只给 100 件，只有我们这里有这样的价钱，往后只会越来越贵。”

（2）“最后 3 分钟，没有买到的宝宝赶快下单，赶快下单！时间到了我们就下架了。”

6. 直播下播文案

直播下播文案包括活动总结、感谢粉丝、引导关注、下播抽奖、下期预告等。下播文案主要是对用户的感恩回馈和为下场直播引流。

赏实例

（1）“主播还有 20 分钟就要下播了，非常感谢大家的陪伴。今天和大家度过了非常愉快的时光，主播最后给大家抽个奖好不好？大家记得关注我，下次开播就会收到自动提醒信息，我也会想念大家！”

（2）“轻轻地我走了，正如我轻轻地来。感谢各位的厚爱！其实很不想跟大家说再见的，不过因为时间的关系，这次直播马上要结束了。最后播放一首歌送给大家，让我们结束今天的直播。别忘了，每天下午 2:00—5:00 主播都在这里恭候着你哟，让我们明天见！”

三、直播脚本的核心要素

一场直播成功与否，直播脚本是关键。直播离不开一份清晰、详细、可执行的直播脚本。直播脚本分为单品脚本和整场脚本。单品脚本即针对单个商品的品牌介绍、商品卖点、优惠活动等内容的脚本。整场脚本即针对整场直播，用于规范直播节奏流程和内容的脚本。某直播整场脚本示例如表 1－1 所示。

表 1－1　某直播整场脚本示例

开始时间	主要环节	人物	内容	线下所需物料	用时	备注
3:00	1. 开场问候	主播、辅播	1. 主播打招呼、自我介绍，直播互动，预约即送尤克里里 2. 可强调今天有抽奖活动和设计总监帮你答疑解问，不要走开	背景三个手机 直播三脚架 尤克里里实物 主播、辅播话筒	3 分钟	主播强调 预约店铺
3:03	2. 品牌介绍	主播、辅播	品牌优势介绍转店，穿插活动介绍 （主播强调新人关注店铺，预约店铺）	店铺介绍	10 分钟	主播强调 预约店铺
3:13	3. 直播活动介绍	主播、辅播	接下来给大家讲一下本次直播给大家带来的直播福利： 1. 优惠券（满 9999 元减 1000 元，满 19999 元减 2 000 元） 2. 抽奖的简单介绍 弹幕＋截屏抽取三次奖品，暗号：喜铺 666，一等奖 1 名，二等奖 2 名，三等奖 3 名 （强调活动仅限在北京办婚礼的新人）	kt 板支架 红包券（大 kt 板） 抽奖优惠（大 kt 板）	5 分钟	强调所有活动只有预约的新人中奖才能领取，要不然联系不到，视为自动放弃，转奖其他人
3:18	4. 案例介绍	策划＋主播	案例介绍（设计灵感、2022 年趋势） （穿插问答和强调预约）	图片和灵感 电脑（或者大电视）图片	10 分钟	策划师需要准备七八分钟的介绍
3:28	5. 抽取奖品	主播、辅播	弹幕截屏抽取 3 等奖品，穿插用户问答 （主播强调新人关注店铺，预约店铺）	踏步机实物 辅播帮忙记录 联系新人	5 分钟	抽奖以后，主播强调没有中奖的新人可以再预约拿尤克里里
3:33	6. 套系优惠	主播、辅播	介绍销售套系： 1. 线上交 9.9 元爆款套系预约金即送云南双人 5 天 4 晚蜜月游 2. 婚礼纪上交定金 1 000 元抵 2 000 元＋蜜月游 （强调活动仅限在北京办婚礼的新人） 穿插答疑解问	kt 板支架 套系优惠（大 kt 板） 蜜月游、交定金 1 000 元抵 2 000 元（小 kt 板）	20 分钟	主播强调 预约店铺

续表

开始时间	主要环节	人物	内容	线下所需物料	用时	备注
3:53	7. 抽取奖品	主播、辅播	弹幕截屏抽取 2 等奖，穿插用户问答（主播强调新人关注店铺，预约店铺）	口红实物 辅播负责记录	5 分钟	抽奖以后，主播强调没有中奖的新人可以再预约拿尤克里里
3:58	8. 活动总结	主播、辅播	再次强调品牌、活动	kt 板支架 蜜月游、交定金 1 000 元抵 2 000 元（小 kt 板）	3 分钟	主播强调 预约店铺
4:01	9. 抽取奖品	主播、辅播	截屏抽取 1 等奖，同时介绍 9.9 元交定金的优惠，穿插用户问答（主播强调新人关注店铺，预约店铺）	婚纱实物 尤克里里实物 蜜月游（小 kt 板）	5 分钟	抽奖以后，主播强调没有中奖的新人可以再预约拿尤克里里
4:06	10. 结束语	主播、辅播	结束语：“更多优惠，请预约店铺了解。中奖新人不要急，等待助理联系你们。”		1 分钟	

直播脚本包含明确直播主题、把控直播节奏、调度直播分工、引导直播互动四大核心要素，如图 1－15 所示。

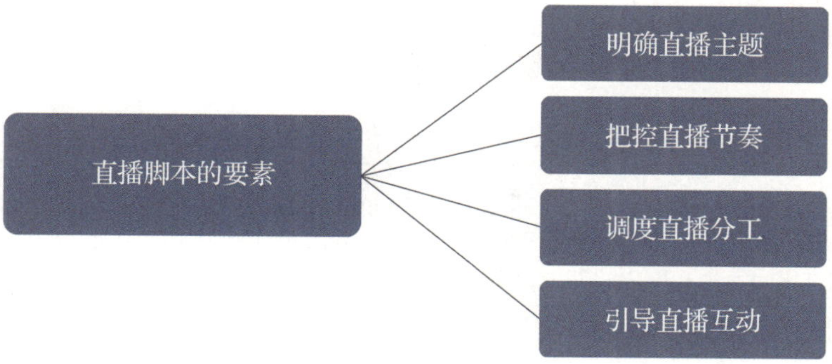

图 1－15　直播脚本的要素

1. 明确直播主题

每一场直播都要配合店铺的运营需求明确一个主题，是品牌上新、回馈用户，还是店庆抽奖。主题是整场直播的核心，也是为了让用户明白在这场直播中他能获得什么。主播在直播过程中切忌脱离主题，否则会导致用户流失。

2. 把控直播节奏

直播脚本中要对时间进行规划，把控好直播的节奏。简单来说就是确定每个时间段的直播内容，具体细化到每个内容的用时。做好规划，有助于主播把控整个直播走向，有助于灵活应对突发状况，使直播保持流畅，提升用户的观感体验。

直播脚本的节奏还体现在分阶段设置。这个阶段不是前后关系，而是并列关系，因为很多用户是中途加入的，要考虑到他们并不了解前面的内容，所以每个阶段都要有衔接。

3. 调度直播分工

直播不是主播一人的事情，会涉及场景的切换、道具的展示，这就需要辅播和工作人员的配合。直播脚本要充分考虑到每一个环节，对时间、人员、场景、道具、产品等进行标注。直播是动态的过程，优秀的直播脚本能让现场人员高效配合、稳中求胜。

4. 引导直播互动

互动是直播中必不可少的环节，用户也是需要运营和维持的，互动就是提高用户参与度的一大环节。主播不能干巴巴地只介绍产品，要通过互动增加直播的趣味性，吸引用户停留，制造高潮时刻。直播互动包括欢迎、关注、点赞、问答、福利等内容，这些内容什么时间段插入，要在脚本上详细体现出来，让主播更好地把控。

任务实施

1. 分析直播文案作用

请分析以下文案在直播过程中能起到什么作用，完成表 1－2。

表 1－2 直播文案作用分析

序号	直播文案	作用分析
1	“买 30ml，我们送一个、两个、三个、四个 7.5ml 的小样！另外我们直播间再加送一支洁面，整套下来相当于打了三折！”	
2	“仙女涂这个色号也不会好看！”	
3	“所有女生，今晚一定要抢到它，只有 5 000 份，卖完就没有了！”	
4	“现在没钱没关系，你们先来听一听，了解一下，等以后有钱了再买。”	
5	“当你想要惊艳全场的时候，就涂 307 号色出门。”	
6	“带孩子的快去把孩子哄睡，有老公的快去把他安顿好，该洗澡的快去洗澡，但洗澡的时候一定要把我放在旁边听，因为我说的每一句话都非常重要。”	

2. 学习知名主播直播

请观看一场知名主播的直播，将整场直播中的优秀文案分类记录下来，完成表 1－3，并与同学分享。

表 1－3 优秀直播文案收集

主播		直播主题	
直播文案类型		优秀文案	
预热文案			
开播文案			
互动文案			
卖货文案			
促单文案			
下播文案			

3. 初写直播文案

假如你是某玩具厂家的主播，今天要进行新品直播，请拟写开播文案，包括自我介绍、欢迎话语、直播主题、优惠活动等。

思政园地

疫情期间，各地通过开展形式多样的直播活动，不仅让许多滞销的农产品进入千家万户，也保障了市场供应。直播行业的迅猛发展，要求直播电商完善行业监管，健全诚信体系，加强行业自律，实现健康发展。2020 年全国各地相继发布直播电商政策，部分地市相关政策盘点如表 1－4 所示。

表 1－4　2020 年部分地市直播电商政策盘点

时间	地区	政策
3 月 23 日	广州	发布《广州市直播电商发展行动方案（2020—2022 年）》，率先提出打造“直播电商之都”，并提出“个十百千万”计划，包括培育 100 家有影响力的 MCN 机构、培训 10 000 名带货达人等。
3 月 30 日	四川	省商务厅印发《品质川货直播电商网络流量新高地行动计划（2020—2022 年）》，计划在 2022 年实现直播带货销售额 100 亿元，带动产值 1 000 亿元。这是全国首个省级直播行业发展计划。
5 月 8 日	重庆	商务委员会发布《重庆市加快发展直播带货行动计划》，提出要积极发展直播电商，大力实施电商直播带货“2111”工程：到 2022 年，全市打造 20 个以上产地直播基地，至少发展 100 家具有影响力的直播电商服务机构，孵化 1 000 个“网红”品牌，培育 10 000 名直播带货达人。
5 月 18 日	菏泽	发布《菏泽市直播电商发展行动方案（2020—2022 年）》，计划构建 10 个直播电商产业集聚区，扶持 50 家具有示范带动作用的 MCN 公司，孵化 100 个“网红”品牌，培育一批“网红”带货达人。
5 月 23 日	济南	下发《大力发展电商经济打造直播经济总部基地的实施方案》，抢抓电商直播发展机遇，全力打造直播经济总部基地，推动经济高质量发展。
5 月 26 日	青岛	发布《青岛市直播电商发展行动方案（2020—2022 年）》，推进实施直播电商工程——“五个一”工程，即构建一批直播电商产业集聚区，扶持一批具有示范带动作用的头部直播机构，培育 10 家有影响力的 MCN 机构，孵化 100 个“网红”品牌，培训 1 000 名带货达人。
5 月 27 日	泉州	泉州经济技术开发区管委会出台《关于扶持电子商务发展的若干措施》，其中有六条优惠措施涉及直播产业。开发区将在两年时间里，用真金白银扶持建立直播基地，引进直播服务机构、“网红”培训机构，鼓励主播为辖区企业带货。
6 月 10 日	北京	发布《北京市促进新消费引领品质新生活行动方案》，培育壮大“互联网＋”消费新模式：搭建对接平台，推动实体商业与电商、新媒体等合作。
6 月 22 日	义乌	发布《义乌市加快直播电商发展行动方案》，推进“十百千万”工程，即 3 年内建成 10 个直播电商产业带，培育 100 家具有示范带动作用的直播机构，打造 1 000 个“网红”品牌，培养 10 000 名带货达人。
9 月 3 日	杭州	市商务局发布《关于加快杭州市直播电商经济发展的若干意见》，提出在杭州落地且为国内全网销售前 100 位的主播，按年销售额（含一定比例杭州产品）在 5 亿元以上的，按贡献给予 200 万元以上奖励。

综合练习

一、判断题

1. 直播营销对场地、物料等需求较多。(　　)
2. 主播“吐槽”产品反而使得直播更加真实，能提高用户的信任度。(　　)
3. 一场直播成功与否，跟直播脚本没有多大关系。(　　)
4. 促单文案要反复强调直播间的价格优势和限时限量，让用户产生紧迫感。(　　)
5. 直播离不开一份清晰、详细、可执行的直播脚本。(　　)

二、单选题

1. 下列不属于直播的优势的是 (　　)。

A. 产品直观　　B. 覆盖面广　　C. 互动性强　　D. 过程严肃

2. 下列直播标题中属于“传达利益点”的是 (　　)。

A. 母婴生活用品，快来抢购!　　B. 减脂塑形，轻松瘦身!

C. 太大了！海水大虾!　　D. 纯棉加绒卫衣 1 折起!

3. 主播在开播前发布预热文案，是为了 (　　)。

A. 激发用户兴趣　　B. 增强用户信任感

C. 促进销售转化　　D. 引发用户共鸣

4. 关于直播文案，下列说法中错误的是 (　　)。

A. 好的文案能增加和商家的合作机会

B. 直播文案是新手主播快速成长的最强助力

C. 直播文案是实现成交的关键

D. 直播文案是吸引用户停留的关键

5. 直播下播文案的作用是 (　　)。

A. 促使用户下单　　B. 激发用户购买需求

C. 为下场直播引流　　D. 活跃直播间气氛

三、多选题

1. 按不同的直播主体可将直播模式分为 (　　)。

A. “网红”直播模式　　B. 企业直播模式

C. 基地走播模式　　D. 素人直播模式

2. 直播是一种 (　　) 的形式。

A. 先进性　　B. 强互动　　C. 即时性　　D. 自主性

3. 直播脚本的要素包括 (　　)。

A. 明确直播主题　　B. 把控直播节奏

C. 调度直播分工　　D. 引导直播互动

4. 直播卖货文案要着重（　　）。

A. 突出产品优点　　B. 引导用户关注

C. 突出价格优势　　D. 打消用户疑虑

5. 直播互动包括（　　）。

A. 欢迎　　B. 抽奖　　C. 点赞　　D. 提问

四、案例分析

某著名演员“入职”聚划算，开启“沉浸式直播”

2020 年 5 月 14 日晚 8 点，当某著名演员身穿红色条纹外套、牛仔裤和运动鞋，出现在厨房里开始自己的直播首秀时，所有观看她直播的网友都有一种意料之外的亲切感。

该演员提出了“沉浸式直播”，她把直播间分出了厨房区域、餐厅区域、沙发区域，把这些区域形容为“生活空间”，而非常规的直播间。在不同区域里向观众推荐相对应的产品，令这场历时 4 个小时的直播变得更像是一场她与朋友间的好物分享会。

自开启直播首秀，不到 1 个月的时间里，该演员已经完成了 5 场直播。首场直播总交易额破 1.48 亿元，累计观看人次超过 2 100 万，随后三场直播依然场场交易额破亿元。她在 6 月 6 日的直播盛典活动上首次挑战直播 6 小时，下单总额破 2.2 亿元，创造了聚划算直播的全新纪录。

该演员和聚划算开启长线深度合作，不仅全程参与选品，还利用聚划算王牌运营团队能力一起打造以该演员为核心的直播商业新模式。聚划算把该演员推向百亿补贴主播的特殊位置，实现全新的直播带货玩法，让卖货好玩有趣，同时使直播营销升级，让聚划算的生态拥有更多战略触角，以适应愈加变化的外部竞争环境。

阅读案例，回答以下问题：

1. 直播营销与传统电商营销的区别是什么？

2. “沉浸式直播”为何能取得这么好的市场效果？

项目二

直播文案能力提升

项目目标

知识目标

1. 掌握提升直播文案学习能力、专业能力与思维能力的途径与方法。

2. 了解与直播有关的各项法律法规及各个直播平台的规则与细节。

3. 熟悉直播文案专业技能训练。

能力目标

1. 培养自我学习能力，强化专业水平，提升思维能力。

2. 初步了解直播文案写作的思路、方法与策略。

思政目标

1. 了解《电子商务直播营销人员管理规范》，了解各个直播平台的规则，知法守法，具备良好的职业道德意识与行为习惯。

2. 培养自我教育与自我学习的能力，培养创新思维和精益求精的工匠精神。

项目导读

直播过程中，优秀的直播文案总能使用户驻足；相同的产品，不同直播文案能演绎出不同的效果。直播文案工作者的能力在直播效果上就能体现出来。普通直播文案工作者与优秀直播文案工作者最大的差别就体现在知识体系上。知识体系是每个人通过后天的不断学习整合构建起来的。因此，直播文案工作者提升自己的学习能力、专业能力与思维能力就显得极其重要。本项目将围绕这三方面的能力展开阐述。

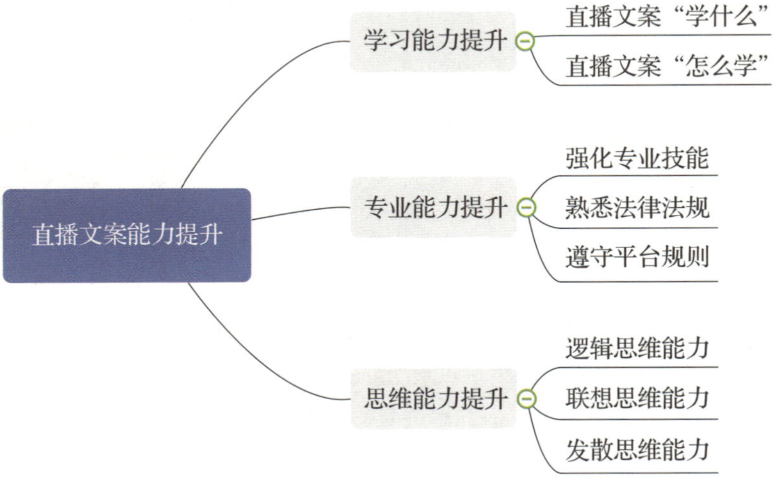

项目引例

董明珠直播首秀“翻车”，再战直播带货超3亿元

2020年4月24日，格力“带货一姐”董明珠首次试水直播带货。直播平台后台数据显示，董明珠一个小时的首秀中，带货销售额23.25万元，上架38种商品，售出258件，音浪收入15.33万元，峰值在线人数21.63万人，累计观看人数431.78万人（见图2－1）。

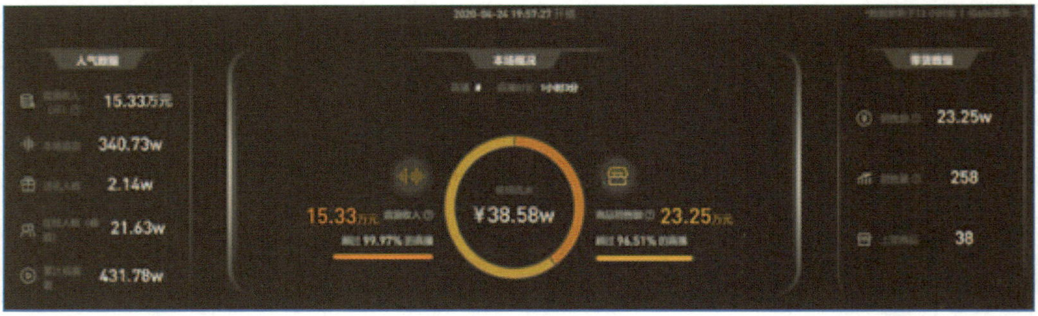

图2－1　直播数据

董明珠首次带货的商品共有38件，销售出142台售价139元的充电宝，但柜式空调、热水器、空气净化器等售价6 000元以上的产品销量为零。与其他直播带货不同，董明珠直播更像是企业成果展示，带观众参观格力科技展厅，一边走一边依次介绍格力产品，直播的流程由一名主播把控。自始至终董明珠仿佛忘记要卖货，不仅没有鼓动观众购买，也没有提到产品的价格或者回复网友的评论。总的来说，董明珠直播首秀更像是一场新闻发布会，只不过换了个直播形式而已。

同时，直播时出现的技术性失误更是直接让这场首秀“翻车”。画面卡顿、黑屏、闪回等问题接二连三发生。按照常规逻辑，技术性失误会导致很多用户退出直播间，毕竟用户的耐心十分有限。

首次直播“翻车”后，董明珠越挫越勇，不断学习，渐入佳境。5 月 10 日，恰逢母亲节、中国品牌日，这一天董明珠十分忙碌，先是在晚上 7 点 30 分上快手直播卖货；又于 9 点连线淘宝某主播进行直播；之后再次返回快手直播间，同网友交流互动。

相比 4 月 24 日董明珠抖音直播首秀卖货 23.25 万元的惨淡数据，此次快手直播“一雪前耻”：30 分钟销售额破 1 亿元，100 分钟破 2 亿元，总共 3 小时 20 分钟的直播，最终成交额达 3.1 亿元。

面对这个成绩，董明珠笑逐颜开：“说意外也是意外，我希望不是简单地卖出某个产品，而是给观众带来一种享受……我准备自己开一个直播间，直播间不仅限于带货，还能把企业的思想、做法同大家分享。”

案例分析

董明珠从直播首秀“翻车”到再战直播销售额破 3 亿元，这短短半个月时间内发生了什么？可以肯定的是董明珠在这短短半个月内进行了与直播有关的学习与训练，在专业能力与思维能力方面进行不断提升，才能取得如此战绩。

任务一 ◎ 学习能力提升

情景导入

随着“互联网 +”时代的到来，“爆品”营销思维深入人心，每个文案创作者都希望自己打造出来的新品足够吸引人，甚至一夜爆红。直播带货作为一种新型的电商模式迅速崛起，文案工作者开始将注意力转移到电商直播领域。小琳作为一名直播新手，已充分意识到学习直播文案的重要性，领导安排小琳跟老员工学习如何提升自己的学习能力。

任务目标

1. 了解作为一个直播文案工作者应该具备的能力。
2. 掌握直播文案的学习方法。

知识储备

无论是刚入门的直播文案工作者，还是在这一方面有资深历练的工作者，无一例外都会面临文案创意枯竭的窘境。为了实现自我突破，每个直播文案工作者必须持续进行学习与提升，在此过程中，首先要明确直播文案“学什么”和“怎么学”。

一、直播文案“学什么”

直播文案工作者在学习过程中应着重学习两方面的知识：事实性知识和程序性知识。

1. 事实性知识

事实性知识是学习者在掌握某一学科或解决问题时必须知道的基本要素，具体包括专业术语、具体细节和要素等。

直播文案的事实性知识主要指在直播间会使用的专业术语、细节等。

作为一个直播文案工作者，必须非常熟悉直播间使用的专业术语，才能写出专业的文案并把控直播间的情况。

小知识

直播专业术语

辅播

又名“助播”，在直播间配合主播的助理，负责补充产品信息点、回答用户问题等。

佣金

可以理解为销售提成，根据主播在直播间销售商品的销量和金额，向商家收取一定比例的抽成。

在线人数

在同一时间点观看直播的用户人数。

直播间人均在线时长

用户在直播间平均停留的时长。

引流款

顾名思义，就是为直播间引进流量的商品。引流款一定是目标客户群体中绝大部分顾客可以接受的产品，而且通常性价比高，常以成本价，甚至低于成本价销售。一般会用于直播前半个小时的热场活动,也可分批次穿插在其他商品中。

利润款

也称为“高价款”，指利润高的产品。

标品

指具有统一市场标准、价格透明的产品，比如手机、电脑、家电等都属于标品。

非标品

指没有明确规格和型号的产品，比如服装、鞋等。因为产品款式、服务、质量不一样，价格差距大。

音浪

抖音的虚拟货币，粉丝用抖币给主播打赏后，主播会获得收益。音浪可提现，目前提现规则是20个音浪可兑换人民币1元。

SKU

stock keeping unit的缩写，在电商中指一款商品。如果一款商品有3个颜色，相当于有3个SKU。

ROI

return on investment的缩写，指投资回报率。直播间ROI的计算方法是：ROI=销售额/坑位费。

GMV

gross merchandise volume的缩写，指交易总额。

细节影响成败，主播要顾全整场直播的布局及节奏，还要懂得从细节入手。为了避免“翻车”，在直播间要注意以下 5 个方面的细节：

（1）主播衣着要得体，避免文身及穿着暴露等。

（2）主播要注意言词表达，禁止出现违禁词、违禁动作。

（3）主播不能展示二维码或者其他社交软件账号、第三方引流或者资金外导等。

（4）主播应做好与用户的沟通工作，不能与用户抬杠对骂，口出脏话。

（5）主播不要长时间离开直播间，避免造成观众流失、人气下滑等情况。

2. 程序性知识

程序性知识是“如何做事的知识”。“做事”可以是形成一个简单易行的常规联系，也可以是解答一个新颖别致的问题，具体包括：经验、推演方法、执行方法等知识。

直播文案领域的程序性知识主要指流程、如何与用户打交道等实战经验。

直播文案写作流程如图 2－2 所示。

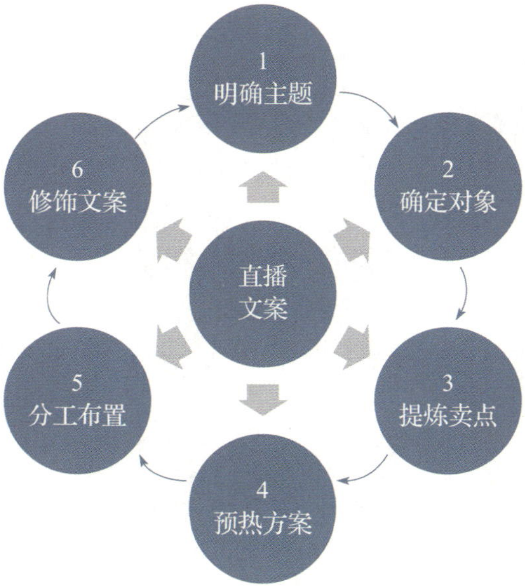

图 2－2　直播文案写作流程

（1）明确主题。

直播之前必须先明确这场直播的主题。例如，是新品上市还是回馈粉丝，是分享直播还是带货直播，粉丝能从这场直播中看到什么、获得什么。

（2）确定对象。

做好粉丝画像，明确直播对象。确定这场直播主要是给谁看，用户群体是年轻人还是中老年人，性别是以男性为主还是女性为主。

（3）提炼卖点。

熟悉直播产品，提炼卖点，同时将产品、福利、时长等顺序及节奏安排好。

（4）预热方案。

明确预热引流方法，是用文案预热还是短视频预热，是多方案预热还是简单预热。

（5）分工布置。

对直播过程所需人员进行分配，明确本场直播需要哪些人，如主播、辅播、场控等。根据直播性质和需求合理搭配直播人员。

（6）修饰文案。

对以上准备的直播文案内容进行总结修饰，形成终稿。

二、直播文案“怎么学”

美国著名学习专家爱德加·戴尔于1946年首先发现并提出“学习金字塔”，如图2－3所示。它用数字形式形象显示了采用不同的学习方式，学习者在两周以后还能记住的内容比例差别。金字塔形象地显示出：学习效果在30%以下的几种传统方式，都是个人学习或被动学习；而学习效果在50%以上的，都是团队学习、主动学习和参与式学习。基于这个学习金字塔，可以把直播文案的学习方法分为四个步骤：主动学习、针对性练习、素材积累、成果分享。

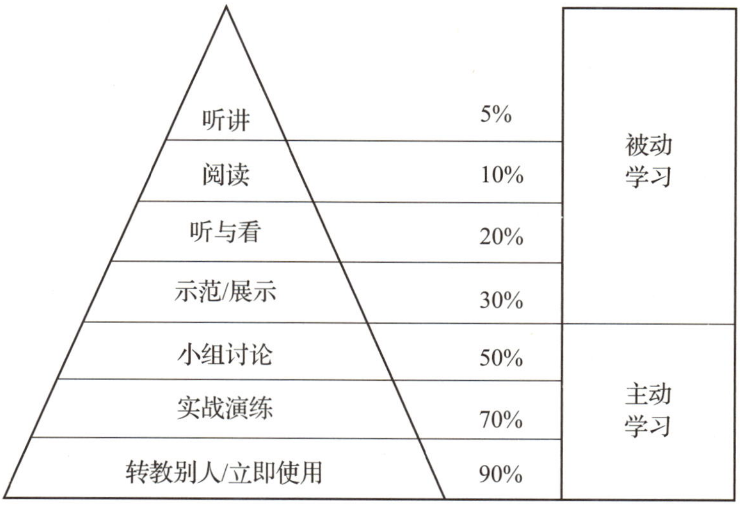

图2－3 学习金字塔

1. 主动学习

直播文案初学者首先要主动学习，积累知识与经验，才能为后续的直播打下基础。具体需要做到：

（1）制订学习目的与计划。

主动学习要求直播文案初学者要为自己制订一个明确的学习目的与计划，如：

“××××年××月××日，我要学会×××。”

（2）学习专业知识与相关知识。

直播文案初学者要全方位、各领域进行学习。主动阅读与直播、文案相关的书籍，如《爆款文案》《文案训练手册》《直播电商全攻略》等，不断提升直播文案写作技巧。直播文案工作者除了要掌握直播文案写作技巧，还要让自己成为一个有文化、有内涵的综合性人才。为此，初学者需要阅读更多领域的书籍，如营销心理学、传播学、电子商务，甚至是古诗词等。文案写作技巧就好比是一棵树的树干，而大众心理、营销、传播、古诗词等则是枝叶，一棵完整的树需要树干和枝叶，还有花朵和果实。如若不然，树就变成了枯木，枯燥无味，无人赏识。所以，学习文案，不能只注重学习文案写作技巧，还需要涉猎更广泛的书籍，让文案有内涵，值得消费者回味。

赏实例

某平台直播带货文案

美妆产品是当下直播的一个热门品类，在美妆直播间也诞生了许多文案金句，我们一起来欣赏：

1.“这个产品之前已经卖了10万套，零差评。”

2.“这款产品是×国药妆销量排名第一的。”

3.“这是在小红书有10万篇‘种草’，只要你买过就会想给身边的人推荐的产品！”

4.“这个真的超级好用，相信我！这是他们家最受欢迎的产品。”

5.“我没办法拥有车子、房子、容颜、名气……但至少我可以凭我自己的努力，拥有一支口红、帽子、面霜。”

6.“这支口红是你有钱都很难买到的色号。”

7.“你不用等发工资也可以随便买。”

2. 针对性练习

学习直播文案，不能是纸上谈兵，更重要的是要把学到的文案知识内化，在此过程中需要进行针对性练习。针对性练习有以下方法：

（1）模仿练习。

可以在阅读学习经典文案之后，从句式、格式、风格等各方面进行模仿。

（2）改稿练习。

当别人的文案不能获得你的好评或者认同，可以尝试去修改别人的文案。或者将以前的文案拿出来重新修改，将改完的文案读给朋友听，听取其他人的意见。

（3）创意练习。

可在逛商场或在使用某件商品的时候，对商品赋予自己的直播文案，并尝试将直播文案与产品发到朋友圈，测试直播文案的评价效果。

3. 素材积累

作为一名直播文案工作者，面临灵感枯竭、毫无思绪的时候，素材库就能起到作用。因此建立自己的素材库很有必要。有以下三种素材值得积累：

（1）知识分享类素材：源于书籍与网络。

系统地阅读相关专业领域的书籍，快速了解该领域知识体系，在阅读经典的基础上补充新知，建立自己的思考、写作模型库以及素材清单库。根据不同的写作主题，将书籍上的知识理论、思考模型、写作框架、修辞手法等素材运用到具体的直播文案中。

除了阅读书籍外，还可以浏览知识类学习平台、网站以及知识型自媒体人的公众号。通过快速浏览标题寻找和整理感兴趣的内容及要点，思考直播文案写作框架，提炼所需内容素材并进行加工和输出。

（2）实战技能类素材：源于自身的工作经历、实战经验及成功案例。

实战技能主要是在职场中的分析与解决问题的技能、沟通与处理人脉关系的技能，在工作中积累如项目运营、营销推广、广告投放等实战经验，通过培训学到的成功案例。此外，还需在工作时有意识地做好记录并定期总结经验，需要时做到“信手拈来”。

（3）故事类素材：源于生活场景、工作经历以及直播场景。

会讲故事，做类比，讲场景，可以让文案更加有穿透力。在直播间，主播讲故事能够让用户更容易接受而不会有被推销的感觉。比如：某直播在讲自己这次拿到了一个史无前例的低价，他会这样讲：“我拿到这个价格之后，该产品国外总部的大老板知道之后，亲自打电话给中国的负责人说：‘不行，你不能卖这个价格，你卖了这个价格之后，我们以后怎么办？’但是中国的负责人说：‘那没办法，我已经答应了，只能是这次卖这个价格，以后再也不卖这个价格了。’……”讲这样一个小故事，比直接说“我们拿到了历史最低价”会更有感染力。

4. 成果分享

社交媒体时代，可以在朋友圈、微博、博客、社区等平台与不同圈子的人进行交流分享、互相促进；还可以选择加入某个知识付费课程，通过社群陪伴、导师学员互动，更有针对性地提高直播文案写作水平。

任务实施

1. 走入直播间，学习直播文案

不少头部主播的直播间一年直播上百场，每场直播都能获得超大的观看量，他们是如何一直对用户保持着吸引力的呢？下面我们来拆解某主播在直播间的话术表达技巧。

（1）在讲解商品时，主播会介绍商品的优缺点，让用户感觉主播很真诚。而在讲解商品的某个缺点时，主播会采取一种巧妙的方式来表达，将商品的“缺点”转化成“优点”，这样能够在一定程度上扩大商品的适用范围。例如，在讲解某款花洒时，主播这样说：“这个花洒有一个缺点，就是它不会像其他花洒那样有喷射式的水流，它的水流有一点点小，不过这并不影响它的使用，这种小水流特别适合女生，对皮肤比较好……”

（2）主播会通过介绍商品的多个使用场景来扩大商品的目标用户群体。例如，在讲解某款加湿器时，主播这样说：“这款加湿器不仅适合在办公室使用，还适合放在卧室、客厅作为装饰品……”这样就将加湿器的目标用户群体从公司白领扩大到了追求生活品质的人群，商品所覆盖的目标用户范围更加广泛。

2. 分析直播文案的精彩部分

学习上述主播的精彩直播文案，请总结该主播在直播间采用了哪些话术技巧。

____

____

3. 模仿练习写直播文案

请自选商品，参照以上话术技巧尝试写两个介绍商品的直播文案。

（1）____

____

（2）____

____

任务二 专业能力提升

情景导入

小琳在公司学习了一段时间，对直播以及直播文案有了一定的了解，着手准备在自己的淘宝店铺进行直播销售。在此之前小琳没有直播经验，不知道直播需注意些什么，也不清楚作为一个直播工作者应该具备什么专业能力，于是她开始学习直播行业相关的法律法规，进行直播能力提升。

任务目标

1. 了解与直播行业相关的法律法规。
2. 掌握与直播文案相关的专业知识。
3. 提高直播专业能力与素养。

知识储备

随着直播带货成为电子商务的主流，对直播人才专业能力的要求也有所提高。要想在直播行业受到关注，拥有人气流量，就必须具备一定的专业能力。

一、强化专业技能

作为一名直播文案工作者，必须具备编辑策划、网络营销、文案写作、数据分析等综合性专业技能。

1. 编辑策划技能

编辑策划技能是直播文案工作者必须具备的基本技能。具体包括直播文案内容编辑、直播活动策划两项。直播文案内容编辑包括用户定位、关键词提取、产品宣传等。直播活动策划包括直播活动方案制定、直播方式开展、直播活动细节描述等。

2. 网络营销技能

网络营销技能是直播文案工作者必不可少的一项技能。因为直播的内容是产品，所以直播文案工作者必须对产品的特点非常熟悉，熟悉产品的组成、功能、使用场合、应用对象、操作方法以及效果等。直播的对象是线上用户，所以直播文案工作者还需掌握线上消费者的特点，了解消费者的年龄、需求、心理特征等。只有找对了产品的消费者，直播文案工作者才能有针对性地进行网络营销。

3. 文案写作技能

文案写作技能是直播文案工作者的基本技能。要想写出好的直播文案，必须具备逻辑能力和语言风格切换能力，并掌握一定的直播文案写作技巧。

4. 数据分析技能

直播文案工作者在直播过程中，需要掌握分析数据的能力。具体包括在线人数、在线时长、点赞数、转发数、粉丝数以及 GMV 等数据，及时了解用户的需求及消费情况，以此来调整直播的内容以及方式，优化直播产生的数据。例如，主播可以从用户互动中了解用户对哪些商品或商品的价值点更感兴趣；通过某一段时间的用户增长率判断这一时间段推荐的商品或直播文案是否能够吸引用户。

二、熟悉法律法规

伴随着互联网经济深入发展，网络营销模式不断创新，特别是新冠肺炎疫情的出现，直接导致了网络直播销售迅速发展成为现阶段重要的营销及引流手段之一。为了避免乱象丛生，为了让直播行业健康、长远发展，国家相继出台了多部法律法规，规范直播行业。

1.《互联网直播服务管理规定》

2016年11月4日，国家互联网信息办公室发布了《互联网直播服务管理规定》(以下简称《规定》)，自2016年12月1日起施行。《规定》明确禁止互联网直播服务提供者和使用者利用互联网直播服务从事危害国家安全、破坏社会稳定、扰乱社会秩序、侵犯他人合法权益、传播淫秽色情等活动。《规定》的出台旨在促进互联网直播行业健康有序发展，弘扬社会主义核心价值观，维护国家利益和公共利益，为广大网民特别是青少年成长营造风清气正的网络空间。

2.《网络直播营销行为规范》

2020年6月24日，中国广告协会发布了《网络直播营销行为规范》(以下简称《规范》)，于2020年7月1日正式施行。《规范》规定了商家、主播、平台以及其他参与者等各方在直播电商活动中的权利、义务与责任。其中明确禁止刷单、炒信等流量造假方式虚构或者篡改交易数据、用户评价，不得进行虚假或者引人误解的商业宣传，欺骗、误导消费者。

敲黑板

《规范》属于行业自律规范，虽然不能直接作为行政执法、司法裁判依据，但是作为倡导性的行业自律规范，能够为相关主体从事网络直播营销行为提供行为指南，对加强行业自律、促进行业健康发展具有重要作用。《规范》内容十分庞杂，涉及网络直播营销行业各方面的法律问题，而这些法律问题大多数已经散见于《民法典》《著作权法》《反不正当竞争法》《广告法》等法律、法规中，《规范》进行了融合。对违反《规范》的，中国广告协会将进行提示劝诫、督促整改、公开批评，对涉嫌违法的，提请司法机关依法查处。

3.《关于加强网络直播营销活动监管的指导意见》

2020 年 11 月 6 日，国家市场监督管理总局印发《关于加强网络直播营销活动监管的指导意见》（以下简称《意见》）。《意见》明确了网络直播营销活动中相关主体的法律责任，特别是明确了直播营销活动中网络平台和网络直播者的法律责任和义务，对指导基层执法和促进行业规范具有十分重要的意义。

4.《网络直播营销管理办法（试行）》

国家网信办、公安部、商务部、文化和旅游部、国家税务总局、国家市场监管总局、国家广电总局等七部门，联合发布《网络直播营销管理办法（试行）》（以下简称《办法》），自 2021 年 5 月 25 日起施行。《办法》的出台能进一步规范网络市场秩序，维护群众合法权益，促进新业态健康有序发展。

《办法》针对各参与主体，进一步明确并压实了各方责任。对直播间运营者、直播营销人员来说，不得故意拖延或者无正当理由拒绝消费者提出的合法合理要求；对平台来说，制定直播营销商品和服务负面目录，认证并核验直播间运营者和直播营销人员的真实身份信息，加强网络直播营销信息内容管理、审核和实时巡查等；对监管部门来说，要建立健全线索移交、信息共享、会商研判、教育培训等工作机制，对严重违反法律法规的直播营销市场主体名单实施信息共享，依法开展联合惩戒。

小知识

《网络直播营销管理办法（试行）》（节选）

第三章　直播间运营者和直播营销人员

第十七条　直播营销人员或者直播间运营者为自然人的，应当年满十六周岁；十六周岁以上的未成年人申请成为直播营销人员或者直播间运营者的，应当经监护人同意。

第十八条　直播间运营者、直播营销人员从事网络直播营销活动，应当遵守法律法规和国家有关规定，遵循社会公序良俗，真实、准确、全面地发布商品或服务信息，不得有下列行为：

（一）违反《网络信息内容生态治理规定》第六条、第七条规定的；

（二）发布虚假或者引人误解的信息，欺骗、误导用户；

（三）营销假冒伪劣、侵犯知识产权或不符合保障人身、财产安全要求的商品；

（四）虚构或者篡改交易、关注度、浏览量、点赞量等数据流量造假；

（五）知道或应当知道他人存在违法违规或高风险行为，仍为其推广、引流；

（六）骚扰、诋毁、谩骂及恐吓他人，侵害他人合法权益；

（七）传销、诈骗、赌博、贩卖违禁品及管制物品等；

（八）其他违反国家法律法规和有关规定的行为。

第十九条　直播间运营者、直播营销人员发布的直播内容构成商业广告的，应当履行广告发布者、广告经营者或者广告代言人的责任和义务。

第二十条　直播营销人员不得在涉及国家安全、公共安全、影响他人及社会正常生产生活秩序的场所从事网络直播营销活动。

直播间运营者、直播营销人员应当加强直播间管理，在下列重点环节的设置应当符合法律法规和国家有关规定，不得含有违法和不良信息，不得以暗示等方式误导用户：

（一）直播间运营者账号名称、头像、简介；

（二）直播间标题、封面；

（三）直播间布景、道具、商品展示；

（四）直播营销人员着装、形象；

（五）其他易引起用户关注的重点环节。

第二十一条　直播间运营者、直播营销人员应当依据平台服务协议做好语音和视频连线、评论、弹幕等互动内容的实时管理，不得以删除、屏蔽相关不利评价等方式欺骗、误导用户。

第二十二条　直播间运营者应当对商品和服务供应商的身份、地址、联系方式、行政许可、信用情况等信息进行核验，并留存相关记录备查。

第二十三条　直播间运营者、直播营销人员应当依法依规履行消费者权益保护责任和义务，不得故意拖延或者无正当理由拒绝消费者提出的合法合理要求。

第二十四条　直播间运营者、直播营销人员与直播营销人员服务机构合作开展商业合作的，应当与直播营销人员服务机构签订书面协议，明确信息安全管理、商品质量审核、消费者权益保护等义务并督促履行。

第二十五条　直播间运营者、直播营销人员使用其他人肖像作为虚拟形象从事网络直播营销活动的，应当征得肖像权人同意，不得利用信息技术手段伪造等方式侵害他人的肖像权。对自然人声音的保护，参照适用前述规定。

三、遵守平台规则

网络直播领域，从来不是“无责之土”“无主之地”，而是有越来越明确的权利与义务、责任与职能。从《网络安全法》到《电子商务法》，从《反不正当竞争法》到《网络信息内容生态治理规定》，从《关于加强网络直播规范管理工作的指导意见》到《网络直播营销管理办法（试行）》……纵览近年来与直播领域有关的一系列法律法规、行业规范，无不说明，相关法律法规正在不断完善。

俗话说，“国有国法，家有家规”，既要遵守国家的法律法规，还要遵守行业的规章制度，同时要遵守平台的规则。在任何一个平台直播带货，都要提前做好功课，以免“踩雷”。

小知识

《淘宝直播管理规则》（节选）

第三节　违规处理情形

第八条　违规行为类型及计次

违规行为分为：一般违规、严重违规、特别严重违规。三类违规行为分别累计计次，累计次数在每年的12月31日23时59分59秒清零。

第九条　一般违规

（一）发布低质量直播内容

1. 录播：未经允许在直播过程中播放录制的视频；

2. 多开：未经允许多个主播（主播账号）发布相同的直播内容；未经允许通过多个平台发布相同的直播内容。

（二）发布不当信息

1. 发布广告信息，包括但不限于：发布易导致交易风险的外部网站的信息或商品，如发布社交、导购、团购、促销、购物平台等外部网站或App的名称、标志、二维码、超链接、联系账号等信息。特定市场另有约定的除外。

2. 未经许可，发布新闻、游戏、电影、电视剧、综艺节目、体育赛事、境外节目等内容。

3. 未经允许，发布淘宝直播平台限制推广的商品。包括但不限于：原石、淘宝直播平台限制推广类目商品等。

4. 违反《淘宝客推广软件产品服务使用规范》。

5. 未经允许，推广阿里妈妈禁止推广的商品。

6. 发布不正当信息破坏其他主播正常推广秩序。

7. 发布影响会员体验的信息。

8. 发布平台不允许发布的其他信息。

（三）虚假交易

主播通过虚构或隐瞒交易事实、规避或恶意利用信用记录规则等不正当方式，获取虚假的商品销量、店铺评分、信用积分、排位名次或成交金额等不当利益。

（四）骚扰他人

对他人实施骚扰、侮辱、恐吓等妨害他人合法权益的行为。

（五）不当使用信息

未经允许，发布、传递、出售或通过其他不正当方式使用平台商业信息 / 他人信息，或致使平台商业信息 / 他人信息存在泄露风险的。

（六）描述不当

1. 主播对商品或服务的描述，与卖家商品信息要素（包括且不限于标题、图片、价格、运费、属性、区域、详情描述、品类等）不一致，且损害消费者利益的。

2. 对商品或服务的描述，与买家收到的商品或接受的服务、或经淘宝平台抽检 / 排查到的商品或服务不相符的。

3. 主播未披露商品瑕疵的。

4. 夸大、过度或虚假承诺商品效果及程度。

（七）违背承诺

1. 未按平台规定向平台履约或向会员提供相应服务的。

2. 承诺互动活动有赠品等奖励，但未兑现的。

3. 承诺参与平台活动，未如期履约或擅自退出的。

4. 做出与卖家相悖的承诺，导致卖家无法履约的，包括交付 / 发货时间、交易价格、运送方式等。

5. 违背其自行做出的其他承诺的。

任务实施

1. 抖音平台认知

抖音于 2016 年 9 月上线运营，是一款音乐创意短视频社交软件，用户可以通过这款软件选择歌曲，拍摄音乐短视频，创作自己的作品。抖音娱乐属性明显，具有流量大和用户活跃度高的优势。2018 年 3 月，抖音正式启用全新的品牌口号“记录美好生活”，这个定位体现了抖音向生活化方向的转变，让抖音的主要用户人群，从追求“潮”“酷”的年轻人，走向了普通大众。

请注册登录抖音账号，观看抖音上面的直播，总结抖音平台的特点：

（1）____________________

（2）____________________

（3）____________________

（4）____________________

2. 抖音平台剖析

请对比其他直播平台，剖析抖音直播电商的生态特征，完成表 2 - 1。

表 2 - 1　抖音直播电商的生态特征

项目	说明
平台类型	
平台特征	
流量来源	
主要供应链	
带货商品属性	
带货 KOL 属性	
带货模式	

3. 抖音平台规则

学习抖音平台规则，对抖音直播出现的违规行为进行归纳总结，完成表 2 - 2。

表 2 - 2　抖音平台规则

违规行为例子	相应平台规则
1.	
2.	
3.	
4.	
5.	

任务三 ▶ 思维能力提升

情景导入

小琳在公司实习了一段时间，在此期间也尝试着写了一些文案，做了场直播，效果平平，没能给大家留下深刻的印象。为此，小琳很苦恼：怎么样才能写出有创意的文案？什么样的直播才能给大家留下深刻印象？如何提高自己的思维能力？

任务目标

1. 培养、提高联想思维能力、发散思维能力、逻辑思维能力。
2. 综合运用逻辑思维、联想思维、发散思维写出高能直播文案。

知识储备

《文案训练手册》的作者约瑟夫·休格曼说过，文案写作者就是键盘前的销售人员。真正的文案高手，会帮助用户梳理自己的渴望，并让这种渴望更清晰地呈现出来。因此，要成为一个好的文案工作者，必须具备逻辑思维、联想思维、发散思维等能力。

一、逻辑思维能力

逻辑思维能力是指正确、合理思考的能力，即对事物进行观察、比较、分析、综合、抽象、概括、判断、推理的能力，采用科学的逻辑方法，准确而有条理地表达自己思维过程的能力。直播文案，可以不需要诗情画意或者创意百出，但是思路清晰却是必不可少的。想要用直播文案去说服消费者认可你的观点和商品，需要用正确的逻辑去编辑，对的逻辑才能让消费者跟着你的思路走，才能让其信服。

无论直播新手还是资深直播文案工作者，也许都会碰到这样的情景：创意很好，激情洋溢地直播，消费者却不清楚主播要表达什么。这种情况就是直播常见的基本逻辑漏洞，比如：主播说了一堆理由，却没有就此下一个结论；文案似乎戳中了消费者的痛点，却不能引发消费者的购买行为；甚至是整场直播看起来结构散漫，给不出有关联的支撑观点。

那么，在直播文案的写作中，有哪些技巧可以帮助我们去咬合文案的逻辑链条，写出有强说服力的文案呢？

1. 借助金字塔原理，疏通逻辑性

金字塔原理是麦肯锡的一种写作工具，是一种重点突出、逻辑清晰、主次分明的逻辑思路和表达方式。金字塔原理先给出结论原理，再从不同方面提取观点关键句，接着提出支撑关键句的依据，逐层解释，如图 2-4 所示。

金字塔原理的理论依据是人的大脑自动将发现的所有事物以某种秩序组织起来。比如仰望天空的时候，看到的不单单是一团团的白云，而是能够自发地以某种形态去形容这团白云。又比如，某主播在直播间推荐香水时，经常用比喻的方法来形容香水的味道：

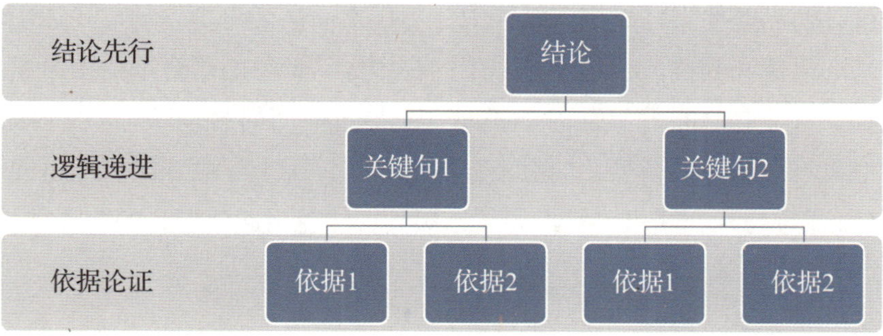

图 2－4　金字塔原理图

（1）“就像在屋顶花园一样，非常适合夏天。”

（2）“像穿着白纱裙在海边漫步，是非常干净的那种感觉。”

（3）“像下过小雨后森林里的味道。”

2. 使用口语化设计，更富感染力

在直播过程中，如果过多运用专用术语去形容一件商品，会使整场直播显得严肃且乏味难懂。使用简单易懂的口语表述，能使用户感到真实且富有感染力。

例如，某主播要介绍一款垃圾袋，如果按照说明书上的文字进行介绍：“这款垃圾袋的材质是聚乙烯，抗酸碱性能、抗冲击性能、抗寒性能好，安全、无异味，袋壁加厚处理，耐撕扯、耐穿刺。”这样的直播介绍既难懂又缺乏感染力，消费者很难继续观看下去。但是，如果把这份文案进行口语化处理，听上去的效果可能会完全不同：“不知道大家有没有遇到过类似的情况：明明我们在超市买垃圾袋的时候挑选的是加厚款，拆开来一看却很薄，结果在倒垃圾时经常会开裂漏出液体，味道很难闻，这时候我们不得不多套两个垃圾袋了。如果遇到这种情况，那你一定要买这款垃圾袋。我特别喜欢它的款式，带着一个抽拉绳，能够非常牢固地套住垃圾桶。而且它能承重 20 斤，日常装垃圾绝对没有问题，非常方便耐用，买它就对了！”主播要时刻记住，直播时面向的是广大消费群体，而不是行业专家，口语化表达更容易让消费者接受。

二、联想思维能力

联想思维简称联想，是人们经常用到的思维方法，是一种由一事物的表象、语词、动作或特征，联想到其他事物的表象、语词、动作或特征的思维活动。通俗地讲，联想一般是由于某人或者某事而引起的相关思考。人们常说的“由此及彼”“由表及里”“举一反三”等就是联想思维的体现。

主播在推荐商品时要发挥联想思维能力，不仅卖商品，也卖感觉，要让用户感觉到商品给自己带来的价值和利益。在直播过程中，要用生动形象的语言来描绘出商品的各种应用场景。例如，某主播在推荐某品牌牛排时，引导直播间的粉丝联想："美丽的夜晚，烛光、鲜花营造出浪漫温馨的场景，端上亲自烤的牛排，配上红酒，两人低语浅酌，多么幸福的感觉啊！"通过场景的联想来代入商品，顺其自然就引起消费者的购买欲。

三、发散思维能力

发散思维，又称辐射思维、放射思维、扩散思维或求异思维，是指大脑在思维时呈现一种扩散状态的思维模式。它表现为思维视野广阔，呈现出多维发散状，如"一题多解""一事多写""一物多用"等方式。不少心理学家认为，发散思维是创造性思维的最主要的特点，是测定创造力的主要标志之一。

发散思维鼓励人们寻找和考虑新颖而独特的方法、机会、观念和解决方式，可以通过集思广益、推陈出新、设疑提问等三种方法去培养提升个人的发散思维能力。

1. 集思广益

一个人的见解与思维方式有限，多个人集中在一起会有多种见解与思维方式。直播文案工作者可以经常与不同的人在一起讨论学习，交流各自的思想，从不同维度去分析问题，从中吸取有益的信息。通过对照与切磋，我们也会在潜移默化中学习到对方的思考方法，实现个人思维能力的进一步提升。因此，要培养发散性思维能力，可以尽量多与其他人交流想法。

2. 推陈出新

当遇到一件新事物的时候，请摒弃原有的观点或者公众对它的评价，尽量用新的观点去诠释它，摆脱旧有观念的束缚，运用新观点、新方法、新结论，反映出独创性，推陈出新，从而达到培养发散思维能力的目的。

3. 设疑提问

发散思维的最终目的不在于找到答案，而在于通过不断地提问与解答来接近答案。当我们对一个事物不断提出问题，其实就是在将困难分解。越能从不同的差异角度提出问题，越能接近成功。提问、思考、解疑、提出新观点，运用各种证据证明新观点的正确性，也标志着一个人发散思维能力的提高。

任务实施

1. 用逻辑思维让客户下单

（1）当主播推荐的商品让用户需要考虑、决策的因素比较多，花费的成本会比较高。用户的决策成本高，用户的购买决策就会偏理性。面对这种用户，主播可以组织逻辑思维能力强的文案去逐步说服用户购买。请说明，具体可以运用到哪些类型的信息，将其有逻辑性地融入直播文案中？

1）________________

2）________________

3）________________

4）________________

（2）某主播在抖音上销售某款小电锅，针对小电锅“功能单一，粘锅不健康，不好收纳、不易携带”三个痛点，请你运用逻辑思维能力，分别写三个直播文案。

1）怕功能单一：________________

____

2）怕粘锅不健康：________________

____

3）怕不好收纳、不易携带：________________

____

（3）在创意思考的时候，运用的是发散思维，但文案表现出来时，则需要有逻辑、有条理，让目标人群更容易看懂。请利用金字塔原理分析商品，将商品卖点填写在图 2－5 中，并拟写直播文案。

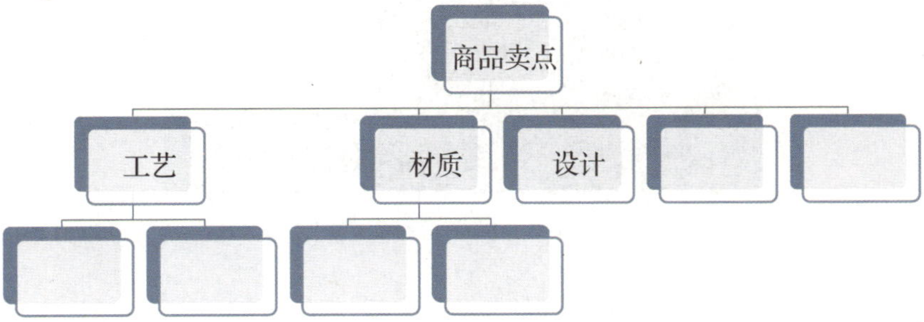

图 2－5　商品卖点

文案内容：________________

____

2. 用联想思维让用户置身应用场景中

发挥联想思维能力，为某品牌巧克力设计一个应用场景。

某品牌巧克力：______________________________

应用场景：______________________________

____

3. 运用发散思维为单品塑造多个需求场景

某品牌保温杯最大的卖点是盖口没有螺纹，可以做到单手一秒开盖，保温性能极强，保温 18 小时，保冷 36 小时。经调研，洞察到男性用户与女性用户的需求差异，如图 2－6 所示。

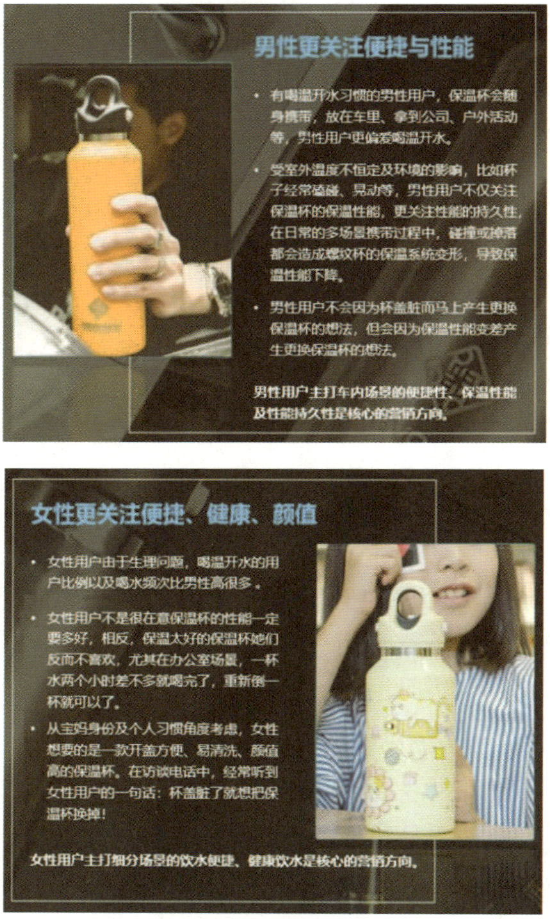

图 2－6　保温杯的男女需求点差异

请运用发散思维为保温杯塑造多个需求场景，完成表 2－3。

表 2－3　保温杯需求场景

男性需求场景	女性需求场景
1.	1.
2.	2.
3.	3.

思政园地

为加强直播电商行业自律，促进行业健康发展，浙江省制定了首个直播销售员的管理标准——《电子商务直播营销人员管理规范》（T/ZEA 007-2020），标准经立项审核、组织编制、征求意见、专家评审、网上公示等程序，于2020年7月14日正式发布。该标准规定了电子商务直播营销人员的资质要求、能力要求、行为规则、信息管理和服务评价。

《电子商务直播营销人员管理规范》（T/ZEA 007-2020）

1　范围

本标准规定了电子商务直播营销人员的资质要求、能力要求、行为规则、信息管理和服务评价。

本标准适用于电子商务直播营销人员的管理。

2　术语和定义

下列术语和定义适用于本文件。

2.1　直播电商

利用即时视频、音频通信技术同步对商品或者服务进行介绍、展示、说明、推销，并与消费者沟通互动，以达成交易为目的的商业活动。

2.2　电子商务直播营销人员

在直播电商营销活动中，推广商品或服务的人员。

3　资质要求

3.1　职责要求

电子商务直播营销人员具有以下基本职责：

——研究目标用户定位和运营方式；

——对主体资质和商品质量等信息进行核验；

——参与商品的选品和方案策划；

——提升自身传播影响力，加强用户群体活跃度；

——协助服务承诺的履行。

3.2　实名认证

实名认证应满足下列要求：

——具有完全民事行为能力，未满16周岁的未成年人应征得监护人的同意并向平台报备；

——进行实人认证，提供真实有效的身份证明，并与公安系统的信息匹配；

——直播营销账号宜与实名手机号关联。

4　能力要求

4.1　法律政策

遵守《中华人民共和国电子商务法》《中华人民共和国消费者权益保护费》《中华人民共和国广告法》《中华人民共和国产品质量法》《中华人民共和国反不正当竞争法》等法律、行政法规、部门规章制度。

4.2 业务知识

宜具备以下业务知识：

——直播策划；

——直播间场景搭建；

——商品选择；

——商品分享讲解；

——引流短视频制作；

——粉丝营销。

4.3 商品品控

4.3.1 宜对主体资质和商品等信息进行核验，信息包括：产地、生产者、性能、用途、规格、成分、价格、有效期限及服务承诺等内容。

4.3.2 应当保证提供给消费者的商品和服务与宣传或展示的信息相符。

4.3.3 宜在直播前进行个人购买体验，掌握商品的基本品控要求。

4.3.3 宜在直播过程中对于商品的不利信息做必要、清晰的说明。

4.4 培训要求

宜经过相应的培训后开展直播营销活动。

5 行为规则

5.1 语言表达

直播时应口齿清楚、表达准确、肢体语言适当，以避免歧义。不得发表以下内容：

——违反法律法规的；

——危害国家安全，泄露国家机密，颠覆国家政权，破坏国家统一的；

——损害国家荣誉和利益的；

——破坏民族团结的；

——破坏国家宗教政策的；

——散布谣言，扰乱社会秩序，破坏社会稳定的；

——散布暴力、恐怖或者教唆犯罪的；

——煽动非法集会、结社、游行、示威、聚众扰乱社会秩序的；

——其他法律法规严令禁止的。

5.2 仪容仪表

直播时应保持五官端正、形象良好、适度包装，不得出现以下内容：

——穿着低俗、不雅的；

——过度包装、低俗趣味的；

——大面积裸露文身的；
——其他法律法规严令禁止的。
5.3 动作行为
直播时应举止得当，不得存在以下行为：
——带有低俗趣味的；
——荒诞惊悚、影响社会和谐的；
——进行侵害或涉嫌侵害他人合法权益的；
——其他法律法规严令禁止的。
6 信息管理
6.1 禁止和限制发布的商品信息
发布的商品信息应符合国家法律法规相关规定，不得发布国家明令禁止和限制发布的商品信息。
6.2 信息保护
营销过程中获取的信息应保密，并符合国家法律法规的相关规定。
7 服务评价
7.1 交易过程监督
在直播过程中的合规性应接受相应的直播电子商务经营者的监督。
7.2 投诉处理与纠纷调解
应与直播电子商务经营者相互配合，并在承诺的时间内协调解决平台消费者的投诉或建议。
7.3 顾客满意度测评
应接受直播电子商务经营者对销售人员和商品的顾客满意度测评。

综合练习

一、判断题

1. 不同的人写出的文案会产生不同的效果，主要原因归结于文采与天赋。(　　)
2. 直播文案能力的提升指的是创意思维能力的提升。(　　)
3. 在直播过程中应该对商品的不利信息做必要、清晰的说明。(　　)
4. 直播电商指的是利用即时视频、音频通信技术同步对商品或者服务进行介绍、展示、说明、推销，并与消费者沟通互动，以达成交易为目的的商业活动。(　　)
5. 营销过程中获取的信息只要符合国家法律法规的相关规定就不需要保密。(　　)

二、单选题

1. 下列属于概念性知识的是（　　）。
A. 大师经典文案　　B. 企业经典广告语

C. 5A 模型　　D. 写文案的流程

2. 以盈利为出发点，利润高的商品是（　　）。

A. 爆款　　B. 利润款　　C. 引流款　　D. 标品

3. 在学习金字塔中，听讲、阅读、听与看、示范 / 展示这些学习过程是属于（　　）。

A. 主观学习　　B. 主动学习　　C. 客观学习　　D. 被动学习

4. 人们常说的“由此及彼”“由表及里”“举一反三”等就是（　　）的体现。

A. 逻辑思维　　B. 发散思维　　C. 联想思维　　D. 创意思维

5. 人们常说的“一题多解”“一事多写”“一物多用”等就是（　　）的体现。

A. 逻辑思维　　B. 发散思维　　C. 联想思维　　D. 创意思维

三、多选题

1. 下列哪些操作是写直播文案的惯用流程?（　　）

A. 确定目标　　B. 找到受众　　C. 瞄准市场　　D. 选择渠道

2. SKU 是 stock keeping unit 的缩写，指一款商品。下面哪些概念能够被称为一个 SKU ?（　　）

A. 颜色　　B. 规格　　C. 款式　　D. 品牌

3. ROI 是 return on investment 的缩写，指投资回报率。直播间 ROI 的计算方法是 ROI=（　　）/（　　）。

A. 销售额　　B. 销售量　　C. 服务费　　D. 坑位费

4. 直播营销平台应当对违反法律法规和服务协议的直播间运营者账号，视情采取（　　）等处置措施，保存记录并向有关主管部门报告。

A. 警示提醒　　B. 限制功能　　C. 注销账号　　D. 禁止重新注册

5. 下列哪些行为会扰乱市场秩序?（　　）

A. 提供虚假凭证　　B. 不当获取平台资源

C. 不当获取信息　　D. 规避平台规则和流程

四、案例分析

直播专拍链接

消费者小娜在某电商平台的一家女装店的直播中看中了一条裙子，主播在直播中上架了“专拍链接”，通过语言介绍商品特性后，告知小娜通过屏幕下方的“直播下单链接”“直播专拍链接”等仅标注价格的链接进行支付，这些链接内不包含与所售商品相对应的详情介绍。小娜后来对收到的裙子还是很满意的，裙子跟主播的介绍基本一致。

阅读案例，回答以下问题：

1. 上述案例中主播提供的“专拍链接”是否合法?

2. 请简述使用“专拍链接”有可能会出现什么问题。

方法篇

项目三　直播 IP 与引流文案推广

项目四　直播话术灵活运用

项目三

直播 IP 与引流文案推广

项目目标

知识目标

1. 了解主播 IP 的作用及不同类型的主播 IP。
2. 掌握主播 IP 打造流程。
3. 掌握直播引流文案拟定技巧。

能力目标

1. 能打造主播 IP。
2. 能撰写直播引流文案。

思政目标

1. 了解直播中主播 IP 打造的作用，树立正确的价值观、审美观，打造健康、积极向上的主播 IP。

2. 能够采用正确的方法开展直播引流活动，不虚假宣传，不无中生有，树立良好的职业道德意识，培养诚信、真诚的品格。

项目导读

随着网络直播的快速发展，直播商品越来越同质化，直播带货领域竞争日趋激烈，打造具有鲜明特点的主播 IP 成为突围直播的制胜法宝。鲜明的 IP 能够帮助主播脱颖而出，让消费者产生记忆点，为商品增加无形的附加值，提高购物转化率。掌握主播 IP 打造流程是直播的重要步骤。一场直播最怕的是没有人气，直播前发布引流文案是有效的解决方法之一，掌握直播引流文案写作技巧成为直播的刚需！本项目主要介绍电商直播主播 IP 的类型及打造流程，探讨直播引流文案写作技巧。

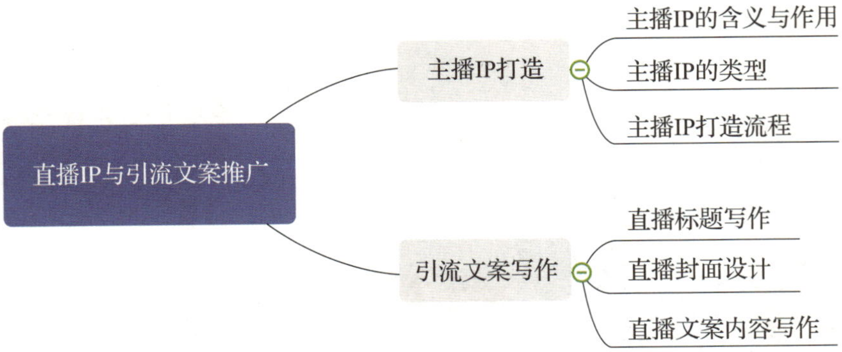

项目引例

如何一周涨粉上百万？人设 IP 很重要

1. 一周涨粉 369 万，“古典美学”也爆发

2021 年 9 月，某主播在一个月内涨粉 369.9 万，涨粉率高达 99.3%，实现从新号起步到第一个流量高地的跃升。该主播走“沉浸式情感治愈者”路线，视频主题多采用“现代话题 + 古诗词表达”，如：诗人怎么表达情感、流行语的古代表达、赞美女生的诗句等。一今一古的形式不仅富有趣味性，也很容易组合出新颖的话题，保证账号的高产。

为配合“古典美学”氛围，主播由知性甜美的女生担任，将一些优美的语句向观众娓娓道来，黑色布景加上明亮灯光，整个场景干净柔和。

从观众画像来看，账号吸引的观众约 70% 为男性，年龄在 30 ～ 40 岁的占比最多，视频标签喜好多分布在美食、影视娱乐等。从历史视频中可以看到，该主播拍摄的视频主题多与情感、古诗词有关，如“古人原来是这样安慰人的”“古人是如何‘躺平’的”，将古风、古文内容往大众化方向传播。

2. 人设很重要，身高也可以是吸粉利器

2021 年 7 月，某主播账号两周涨粉 139.6 万，这个“非典型女生”火了。

根据飞瓜数据显示，该账号在 15 天内共发了 4 条视频，平均点赞高达 220 万，获得了近 200 万的涨粉，视频主要是一个身高 1.90 米的女孩的搞笑日常。

视频的主要内容包括两方面：一是“1.90 米女孩的烦恼”，包括进女厕所、去女浴室被人误会，围观篮球赛被邀请为球友，失败的女人味提升改造等，让人哭笑不得。这些视频带给观众非常丰富的感受。二是“1.90 米女孩的高光时刻”，比如在一群练习滑冰的男生中脱颖而出，能拍出“男友力爆棚”的时尚大片，和男生称兄道弟，和女生处成好闺蜜，等等。

因此，该主播的爆红不仅仅是身高的出圈，还让我们看到了一个“非典型女生”的真实日常和心路历程：对美有向往，为自己的与众不同而烦恼，同时也享受它带来的惊喜体验，不追求千篇一律的美，而是悦纳自己的独特。视频中传递出的这种精神和态度，正是主播的魅力所在。

案例分析

第一位主播一周涨粉 369 万充分体现了人设对个人类账号的塑造很重要，此账号在视频内容、视频布局、主播妆容、气质等方面均围绕“古典美学”展开，塑造了账号的形象及主播的 IP，以 IP 人设的成功带动粉丝量增长。

第二位主播通过 4 条视频吸粉近 200 万，账号通过放大身高标签塑造人设的记忆点，结合简单易记的昵称“190girl”和主要视频内容，丰富地展现个体的特点，逐步塑造人格魅力，从而吸引观众，成为涨粉的绝佳途径。

任务一 ▶ 主播 IP 打造

情景导入

小琳开通直播账号后，视频更新很频繁，内容覆盖方方面面，有生活分享，也有商品介绍。她在直播中准备很充分，商品既有家居类，也有电子类。但是她不明白为什么粉丝量还是这么少，直播过程中也非常冷清，这让她很烦恼。是账号太繁杂、定位不精准，还是定位方向出错了呢？她应该怎么做呢？

任务目标

1. 了解主播 IP。
2. 了解打造主播 IP 的作用。
3. 掌握主播 IP 打造流程。

知识储备

主播 IP 化是随着 2020 年直播平台的兴起而出现的新鲜事物。在注意力经济时代，主播 IP 化是个人价值在网络经济时代的一次重估。从行业的角度看，主播 IP 化是直播行业发展的必然趋势，也是主播产业优胜劣汰的必然选择。主播 IP 化能够让内容沉淀下来，能够去“同质化”，提高主播竞争力，最终建立一个主播、平台、观众三者之间的生态关系圈，实现商业价值，提高变现能力。

一、主播 IP 的含义与作用

IP 是英文 intellectual property 的缩写，其原意为“知识财产所有权”或者“智慧财产所有权”，直译是“知识产权”，通常是国家赋予创造者智力成果在一定时期内享有的专有权或独占权。随着时代发展和变化，IP 的含义有了新的延伸，可以是二次或多次改编开发的影视文学、游戏和动漫，也可以是一个故事情节、一个人物、一幅漫画，甚至是一个名称、一个符号、一种价值观，或具有共同特征的群体，以及具有自身流量的内容。

1. 主播 IP 的含义

主播 IP 是由主播的形象、风格、优势、特点共同构成的标签定位。通过建立标签，强化粉丝的记忆点，从而达到一定的传播度。主播 IP 可以是一个标签，也可以是一组标签，并通过主播的行为呈现，最终形成一种固定行为。主播 IP 偏向垂直化，专注于某一个领域，通过持续的内容输出获得粉丝青睐。通俗说就是：你是个什么样的人？你可以给粉丝提供什么特定的价值？

2. 主播 IP 的作用

打造主播 IP 主要是经营定位与标签，本质上是经营主播给别人的印象。好的 IP 能够塑造主播形象，提高粉丝黏度。主播 IP 的数值越大，粉丝量就越大，拥护者也就越多，粉丝经济为其带来的经济效益就越大。打造主播 IP 有以下作用：

（1）以较低成本获得私域流量。

账号获客有很多种方式，包括公域流量与私域流量。随着大部分广告渠道成本的增高，获取公域流量的高昂成本让大部分中小企业无法承受。而主播 IP 所吸引的粉丝是主播能够转化的客户，即私域流量，可以反复激活，主要通过投入时间获得，而非金钱，所以获客成本较低。

小知识

公域流量与私域流量

公域流量和私域流量并不是绝对概念，而是相对概念。公域流量也叫平台流量，它不属于单一个体，而是被集体所共有。直播公域流量是依托淘宝、抖音等平台，个体以付费或参与活动等方式，在满足平台规则的原则下获取流量，平台会根据付费级别定制推送计划分配公域流量。

私域流量指的是品牌或个人自主拥有的、无须付费的、可反复利用的、能随时触达用户的流量，属于单一个体的流量。私域流量是一个完全属于“你”自己的私人地盘，存在于“你”的公众号、微信好友、微博、社群、朋友圈、头条号、抖音等社交媒体中，是你可以随时掌控的私人流量池，这个流量池里聚集的是你的粉丝、客户和潜在客户。

简单来说，公域流量的用户属于平台，需要高预算和优质的内容输出；私域流量的用户属于个体，相比公域流量更注重引导和运营。

（2）以内容运营建立信任感。

主播通过打造具有专业价值的内容解决用户需求，建立主播在这个领域的专家或者意见领袖形象，从而让粉丝对主播产生信任感，并将主播、直播内容与商品联系在一起，由主播 IP 带来的信任及人格背书，产生购买行为，提高直播转化率。

（3）以主播 IP 个性化去“同质化”。

同质化是 IP 经济发展中存在的隐患。直播行业的迅速生长，吸引了大量的“入局者”，但初级形态的直播装饰单调、技术单一、内容相似，主播辨识度不高，无法形成顾客黏性，而建立主播的个性化 IP 则可以有效避免这些问题，让主播脱颖而出。

（4）以 IP 提升直播变现速度。

主播 IP 化能够借助 IP 的知名度和粉丝量，快速完成品牌市场信息传播和消费者认知教育工作。借助主播 IP 形象配合实际商品和服务的营销策划，能快速达到营销目的，加快直播变现速度。

敲黑板

IP 就是一种营销工具。

二、主播 IP 的类型

直播带货的核心就是主播 IP。主播 IP 主要有以下几种类型。

1. 故事型 IP

故事型 IP 即在小说和剧本的基础上，形成主播表演剧本，结合故事、剧情及场景，通过表演的形式向用户传达主播所表达的情感和树立的形象。主要适合剧场类、场景故事类直播，可穿插于直播热场或直播过程中，增加直播的趣味性。

赏实例

1. 某演员的直播小剧场

某演员在淘宝直播时给直播间的定位是“文化沙龙”。直播间墙边的架子上挂满了各式各样的戏服，每个晚上，这些服装和道具都会一一出现在直播间里。主播在直播间里设计了固定的环节，即小剧场。在小剧场里，主播和辅播、助理们上演设计好的剧情，穿着戏服有时扮作“华妃”，有时变身“白娘子”，有时是“村花”，顺便推销商品。

如为了卖出小龙虾，主播在某一期将自己打扮成林黛玉的样子，仿照“黛玉葬花”的典故，称要吃了龙虾肉，埋葬了虾壳，以故事的方式增加了直播间的独特性，形成鲜明的IP特色。

2. 佰草集的“宫廷戏”

运用故事型IP大火的护肤品牌佰草集，在2021年“双十一”期间打造了主打剧情的抖音直播间，其账号“佰草集延禧宫正传”粉丝量达到23万，形成了2个粉丝群，商品橱窗61种好物，累计销售4.1万件。整个直播过程中，有精心设计的故事剧情及主播IP，服装、化妆和道具都是电影级别配置。

在人货场理论中，人不再代表主播和粉丝，而是演员和观众，进而有了“催更”“追剧”等一系列粉丝互动。带货也发生转变，从强行植入的硬广变成了频繁互动，粉丝甚至参与了商品的命名，赋予了带货更多的IP属性，让商品产生更多的记忆点。

2. 商品型IP

商品型IP以商品介绍为主，主要为用户推荐商品，重点介绍商品的基本信息及促销活动信息，主要从商品价格、品牌、生产、原材料等多个维度给用户提供信息，从用户的消费场景、心理需求等角度匹配合适的商品，促成用户在短时间内决策。重点是找到用户最真实的核心需求，快速准确地匹配用户需求，从而形成强大的带货力。

例如，在淘宝直播过程中，主播会重点介绍衣服的款式、颜色、设计、细节及现场试穿效果等，给用户相对专业的消费建议，并以价格优惠等手段，促使成交。

3. 知识型IP

知识型IP即以传播某一专业领域知识为主，主播多为某一领域的专业人士，如营养师、化妆师、健身教练、法律人士等。他们通过通俗易懂的语言讲解，将晦涩难懂的专业词汇或原理介绍给用户，让用户在掌握相关知识的基础上增加对主播IP的认知及商品的认可。如主播介绍服装材质、清洗方法等。

赏实例

榄菊跟丁香医生连个了麦，直播间都“炸”了！

2020年4月21日晚8点，榄菊联合丁香医生举办了首个“爱家消杀”主题的云分享会，共同推出了“2020中国居家消杀指南”。榄菊日化总裁薛洪伟和首席技术官吴鹰花出席了云分享会。由丁香医生医学总监田吉顺，丁香医生签约作者、流行病与卫生统计学硕士陈韵，通过抖音连麦直播的方式，为大家带来了一场兼具专业深度、趣味十足的家庭有害生物防治公益普及讲座，帮助大家解决居家消杀的问题。

4. 生活型IP

生活型IP主要向用户展示某种生活场景或生活方式。可以是大众很少接触的深山农产品，展示山里的生活场景；也可以是介绍某种生活技能，如展示烘焙产品制作过程。

5. 创始人IP

创始人IP是利用行业领袖或企业创始人身份的权威性，提高用户的信任度，让用户受益，其核心就是商品背书和用户赋能。对于高客单价商品、专业类商品，创始人角色具有天然引领性，能够打消用户的消费顾虑，帮助用户完成消费决策。例如，格力电器的董事长在不到两年的时间里带货金额已超百亿元。企业家带货成为一大特色。

6. 达人IP

达人IP是建立在网络红人、达人的基础上，直播内容为商品测试及商品推荐。这种IP最大的价值就是和用户产生情感共鸣，增加商品附加价值，形成品牌“护城河”，降低用户对价格、品质以及其他商品属性的敏感度。这样既可以满足用户的物质需求，也可以满足用户的精神需求。打造达人IP，主播必须既有“料”又有趣，既有专业知识又能讲故事、段子，既能对商品如数家珍，又有自己独特的消费主张。

7. 娱乐型IP

新冠肺炎疫情期间，民众对“宅娱乐”的需求空前高涨，催生“万物皆可云”的云娱乐时代。娱乐型IP主要为用户带来影视、音乐、游戏、综艺等娱乐相关的产品及服务。以“直播+优质内容”结合的形式，从达人到素人，人人皆可直播创作。如电影在抖音上的“云路演”、音乐类在线活动，观众从单纯的收看者转化成为活动的深度参与者，并与节目产生强关联互动。

小知识

虚拟主播

虚拟主播以原创的虚拟人格设定、形象，在视频网站、社交平台上进行活动。通过光学设计捕捉真人动作和表情，将数据同步到虚拟角色上，并以2D或3D的模式出现。

随着直播带货发展，直播中不断涌现各种新玩家，其中包括虚拟主播。2020年"五一"期间虚拟主播"洛天依"和某知名主播进行同台直播，一度登上微博热搜；虚拟主播"默默酱"在抖音直播带货，单场直播观看人次达28万；某网络公司旗下的"一禅小和尚""熊小兜"等虚拟主播亦开启直播带货。

三、主播IP打造流程

1. 确定直播行业及人群定位

随着直播行业的发展，直播覆盖的范围越来越广，包括3C数码、美妆产品、女装搭配、潮流服饰、食品、娱乐等，对应不同目标人群的需求，行业也不断细分。确定直播的行业或细分领域能够精准划分直播的受众群体，明确潜在用户的特征，实现针对性直播，打造专属直播IP。

2. 创新定位个性化标签

主播IP与主播个人性格相吻合，才能保持IP的稳定性，并获得长久发展。主播风格标签可根据主播的性格、兴趣爱好进行定位。通过分析主播外貌、行为、习惯话术等维度，从中寻找到主播的风格定位。

赏实例

挖掘主播个性化标签，是打造主播IP的主要手段。

主播的风格有：幽默风趣型、活泼可爱型、御姐型、成熟稳重型、辛辣犀利型、知识专家型等。

打造主播IP时，可从主播的外貌、性格、行为、习惯话术等维度去分析主播的特点，并将整个分析的过程用文字进行描述。

如某电商公司最近有三位主播前来试镜，分别是A、B、C。经过一天的试镜，运营人员总结出三位主播的特点，如表 3-1 所示。

表 3-1　直播特点

主播	外貌	性格	行为	习惯话术
A	时尚型	高冷	优雅个性	气质最重要
B	稳重型	严谨严肃	知识丰富	严格来说，入手不亏
C	活泼型	热情可爱	表情丰富	你就是仙女

在主播风格方面找准定位，在直播过程中进行加强和放大，建立识别度较高的直播风格，这样无论销售哪种商品，都能获得一批稳定的、喜欢主播风格的粉丝。

3. 呈现人设并强化标签

从直播所属行业、商品特点及用户需求出发，匹配目标群体需求和主播的特征，维护主播人设并且强化标签。通过包装呈现具有吸引力的主播人设和口号，实现主播 IP 化。呈现人设思路如图 3-1 所示。

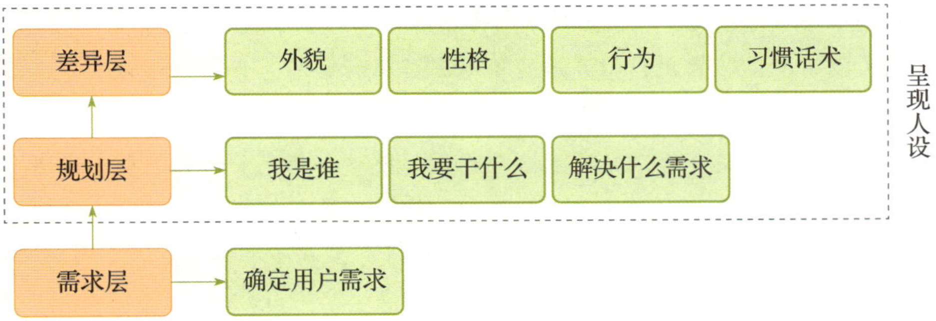

图 3-1　呈现人设思路

从确定用户需求出发，思考主播定位："我是谁""我要做什么事情""能够帮助用户解决什么需求"，接着从主播的外貌、性格、行为及习惯话术四个角度，呈现对应的表现，从而塑造主播 IP 人设。

敲黑板

IP 偏向于某人做的事、关联的物；人设倾向于具有某种形象的人。

赏实例

某电商公司最近刚刚签约了一家家居服装经销商，这家经销商想尝试直播销售家居服。我们用图 3－2 中的思路进行分析。

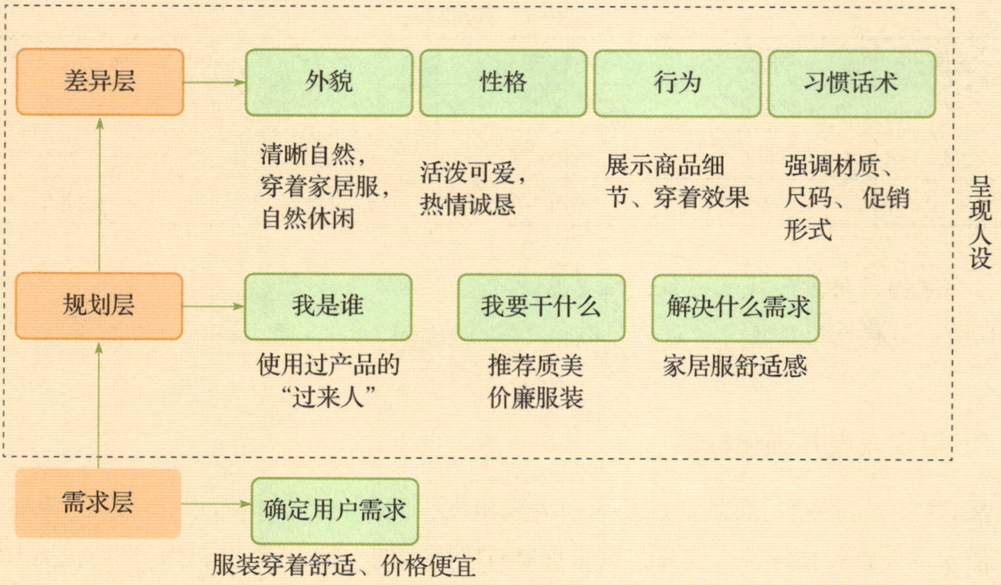

图 3－2　呈现人设过程实例

分析得出的结论：主播主要呈现家居休闲状态，形象亲切、诚恳、具有生活气息，人设定位为以自身经验为用户推荐质美价廉家居服的主播，直播口号为“寻找你最美的家居状态”。

按上述流程分析完毕后，发现主播 C 非常适合这个角色。运营人员可根据主播呈现的特点与直播间风格及商品特点进行匹配，进一步强化人设，并在宣传过程中高频率曝光主播的人设，用口号、文案、图片强化用户印象，使用户对主播产生信任感。

4. 传达 IP 信息

塑造有辨识度的主播 IP，需要在宣传过程中高频率地曝光主播的人设，并从账号名称、标签、主播造型、直播背景、封面、口号等方面向用户传递信息，持续产出与人设高度一致的内容，强化用户对主播的 IP 印象，继而形成牢固的粉丝关系。

（1）有趣的名字。

一个有趣的名字可以让人在第一时间记住。简单、风趣或者接地气的名字都比较有记忆点。账号名称要好记，并体现主播的人设，与企业品牌或商品、行业相关，风格相似，能够呈现相关联想，体现专业性。如：某直播间以原产鲜花销售为主，名称为“小王子的花花世界”，既能匹配鲜花行业，又与书籍《小王子》相关，名字容易记忆，且有一定的内涵。

（2）明确的标签。

标签的选择和直播的时间段、流量的分布区息息相关。根据平台的流量分析规则，以及用户的变动，选择合适的直播标签，可以为直播带来流量，把控所属类目的平台流量高峰。同时，确定相关标签，快速描述账号定位，引导用户搜索到相关内容，达到引流目的。

直播标签包括主播标签、商品及用户标签。如某主播塑造的形象是“口红一哥”，其直播间标签是“美妆”“护肤”等。

（3）独特稳定的形象。

主播 IP 的形象需遵循两大原则：具备特点和匹配度。

特点指的是与他人的差异，让用户印象深刻，容易记住。比如家居服直播中主播的睡衣穿着、汉服直播间主播的汉服打扮等，如果形象上没有特点，可增加有记忆点的配饰，如借助蝴蝶结头饰或在直播间摆放玩具猫狗等。匹配指的是“人、货、场”的协调。主播形象既要追寻个性化，也需体现统一性。如做普通家居服装直播，就不适合穿得西装革履；做知识类的直播，则不能着装太随意，需要体现专业化。

（4）合适的个人口头禅。

主播的口头禅也是一个标签，既能够作为指引话术，也是主播 IP 化的表现。个人口头禅要简短易记，并结合商品销售话术，起到沟通用户的作用。比如“买它！买它！”“5、4、3、2、1，上链接”等均给人深刻的印象。

（5）视觉感的头像。

头像要具有个性化，符合主播定位。设置合理的头像可以强化人设，同时也需与账号所属领域及目标客户定位相吻合。如格力采用其董事长形象作为头像，借助创始人的知名度，强化用户印象，同时体现专业度；而花牛家居其头像与账号名称统一，为一头可爱的花牛，与账号休闲、可爱、亲民的形象统一。

（6）与内容一致的封面。

根据主播定位及商品、用户特点选择封面，让内容与封面有紧密的关联性，并使用统一的风格、色调，可强化用户对主播 IP 的印象。但封面更新不要过于频繁，稳定的封面有利于用户找到直播间。如某主播直播间的封面与头像均为主播本人，呈现的是时尚性，与商品吻合；某饮料品牌直播间则采用其商品为封面，明确商品主要类型。

（7）场景化的构造。

直播间的背景、道具等可以起到提高辨识度的作用，同时给用户带来心理暗示，并体现主播的号召力和公信力。场景布置也需与商品、主播风格统一。如销售农产品，场景可在田间地头；销售鞋类则可呈现商场货架。场景化的布局，可以让用户看到更直观的商品效果，并体现专业性。

敲黑板

主播 IP 化不能局限于某平台的直播间，应该保持在整个网络上的统一形象，实现一体化包装，并借助多平台进行宣传造势，增加存在感。

5. 引起用户共鸣

让用户发自内心的认同主播的理念，才能实现 IP 的引导作用，实现销售转化的目的。结合消费群体的心理特征来定位主播的人设，依靠高质量的商品及优质的直播内容，通过激励、引导、运营等方法引导用户认可主播的 IP，实现引起用户共鸣的目的。

任务实施

1. 了解主播 IP 的类型

在直播过程中，用户对商品的转化动力更多来自对主播本人的信任。优秀的主播几乎最终都会走向 IP 化的道路，而品牌对主播的打造，本质上也是一种品牌打造个人 IP 的过程。

（1）当前主要有哪些主播 IP 类型？请举例说明，完成表 3-2。

表 3-2　常见的主播 IP 类型

账号名称	平台	所属领域	类型

（2）从表 3-2 中选取你最感兴趣的主播 IP 类型，分析该主播 IP 成功的原因及你感兴趣的原因。

____

____

2. 分析塑造主播 IP 的目的

为什么平台、企业及主播本人均选择塑造具有辨识度的 IP 形象呢？塑造主播 IP 对企业、主播、平台各有哪些好处呢？

____

____

____

____

3. 探究主播 IP 塑造的流程

小琳发现她的直播账号确实定位模糊，她准备运用所学知识打造自己的主播 IP，请帮助她完成以下内容设置：

（1）确定所属行业领域。

____

（2）分析目标受众特点，列举受众标签。

____

（3）分析主播特点，列举主播标签。

____

（4）形成主播人设，强化主播标签，完成表 3－3。

表 3－3　主播人设呈现

层次	项目	内容
需求层	确定用户需求	
规划层	我是谁？	
	我要干什么？	
	解决什么需求？	
差异层	外貌	
	性格	
	行为	
	习惯话术	

（5）账号主播 IP 具体信息呈现，完成表 3－4。

表 3－4　主播 IP 信息呈现

项目	内容
账号名称	
账号标签 / 简介	
主播造型	
主播口头禅 / 口号	
账号头像	
账号封面	
直播间背景	

（6）列举日常维护主播 IP 的具体内容。

____

任务二 引流文案写作

情景导入

小琳跟她的团队已经做好了主播 IP 化的相关准备，他们决定在下周一开启新的直播，而如何增加直播的观看量成为他们亟须解决的关键问题。一个好的引流文案就是一场直播成功的开始，要获得好的效果需要掌握一定的技巧，包括直播标题、直播封面、直播文案内容的设计与写作。

任务目标

1. 掌握直播标题及封面设计。
2. 掌握直播引流文案的写作。

知识储备

近年来，直播迅速发展，已经进入“万物皆可播”的状态，直播间如雨后春笋层出不穷，但直播的单调性也在逐渐消磨用户的兴趣。如何吸引用户关注直播间，留住用户观看直播，成为摆在直播经营者面前的难题。要让直播间有流量、有人气，直播引流文案是关键。好的直播引流文案能够吸引用户的注意力，并让用户产生观看直播的兴趣。从明确标题指向，到社交媒体引流文案的亲民性，再到海报文案、短视频文案的直观性，全方位引流成为直播的趋势。

一、直播标题写作

1. 直播标题

直播标题是影响直播流量的重要因素。直播间流量由展现和点击率组成，展现取决于直播间的权重，点击率的影响因素主要是标题和封面。直播标题不等于直播间标题，如图 3-3、图 3-4 所示。

图 3－3　直播标题

图 3－4　直播间标题

敲黑板

直播间流量＝展现 × 点击率

小知识

以淘宝直播为例，淘宝的直播标题和搜索标题不同，搜索标题是应用在 SEO 和关键词场景之下，强调 SEO 和标题能覆盖多少关键词，以及能优化多少关键词的权重。直播间的算法匹配靠的是标签，直播间的标签、店铺本身的人群标签及店铺上架的产品，从而实现人群匹配，类似于抖音的短视频标题和内容推荐。

直播标题跟搜索没关系，直播标题只注重是否吸引人。

2. 直播标题拟定要求

直播标题拟写过程中需遵循的首要原则是吸引用户的注意力，此外还需关注用户的阅读习惯及平台的规则、法律法规的规定，标题拟写有以下要求：

（1）标题应简洁、包含关键词。

标题字数应控制在 8 ～ 10 字，并包含体现直播主题的关键词，既能引起关注，也能突出重点，符合用户碎片化、娱乐化的浏览习惯。

（2）标题应避免过度夸张及利益诱导。

过度夸张折扣或放大利益信息的标题，易产生廉价感及同质感，让用户麻木。而且随着直播的高速发展，用户对内容的真实性和质量要求越来越高，平实又诚恳的表述更适合标题拟写要求。

（3）标题应切中用户痛点，引发用户共鸣。

标题切中用户核心需求，切中用户痛点，为用户解决问题，才能让用户产生共鸣与代入感，增加用户点击进入直播间的概率，实现标题对直播内容的指引作用。

（4）标题应符合主播 IP 及商品调性。

标题风格应与主播、直播间风格及商品调性相统一，让用户加深印象。如其风格相悖则容易产生混乱感。如标题为充满诗意情调的“山有木兮木有枝，心悦君兮君不知”，商品为动感、喧闹的低价打折促销，易让人产生较强落差及不适。

（5）标题应摒弃廉价感及违禁词。

标题如充斥“清仓”“批发”“工厂”“厂家”“甩卖”“销量冠军”“倒闭”“万能”“绝对”“十足”“大促”等词汇，甚至不实宣传，易为直播间打上廉价标签。而在直播标题上故意体现出低俗、暴力、赌博等内容则属于违背平台规定，甚至违法的行为。

（6）标题格式要标准。

标题数字最好采用阿拉伯数字，无论从机器获取关键字的角度，还是从用户阅读的角度，都更容易受到关注。另外，标题尽量用中文表达，减少英文的使用。

3. 直播标题拟写技巧

直播标题的拟写技巧往往与直播的内容及目的相关，常见的直播标题有如下类型：

（1）功能内容型标题。

功能内容型标题，一般从用户角度出发，贴合粉丝需求，直接告知用户直播间商品可以解决的问题及为用户带来的价值，标题主要包含三个部分，即用户、用户需求及解决方案，如图 3－5 所示。

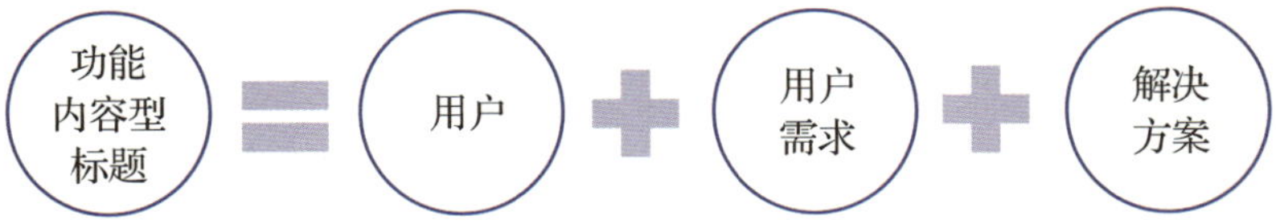

图 3－5　功能内容型标题

如：“胖 mm 的时尚夏末穿搭法则”“不怕你胖，就怕你不时尚”。

（2）热门节点型标题。

热门节点型标题，主要靠捕捉实时热点，借助传统节假日或者名人推荐等作为标题卖点，增加直播标题热度及用户的信任感。但需要注意话题与直播间标题、主题、内容的结合，强行“蹭热点”将得不偿失。热门节点型标题主要包括三个部分：节点、人群及促销利益，如图 3－6 所示。

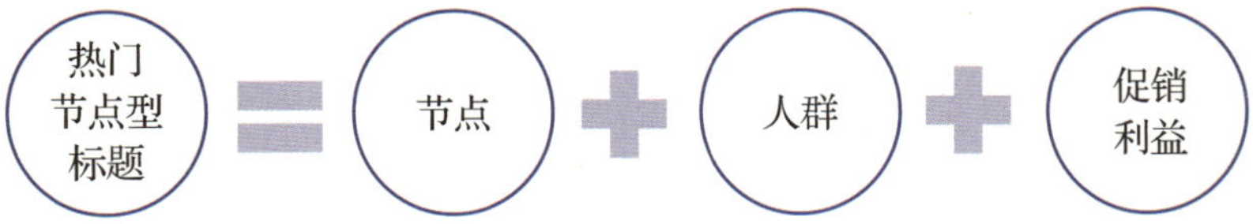

图 3－6　热门节点型标题

如："开学季，这些零食你囤了吗？""七夕告白季百搭上新啦！"

（3）福利活动型标题。

福利活动型标题在直播间标题中出现的频率最高，现阶段多数腰部以下卖家通过低价的方式快速吸引用户，以清库存、走量拉高销售额作为直播目的。此类标题需要配合客单价、封面等客观条件，借助运营前的竞品分析等，以达到留客及成交的目的。福利活动型标题主要包括商品、用户及活动利益三个部分，如图 3－7 所示。

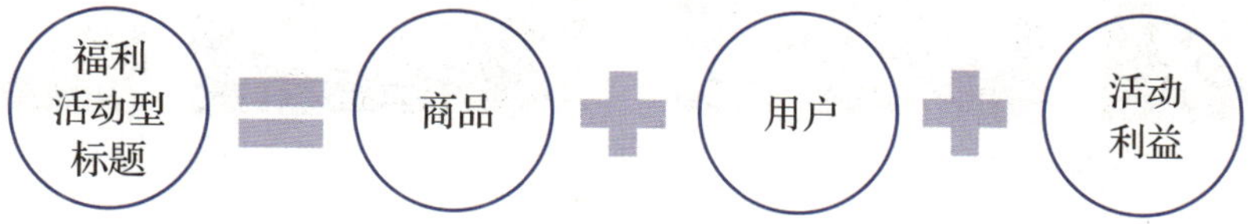

图 3－7　福利活动型标题

如："限时秒鲜花饼年货礼"。

（4）反逻辑常理型标题。

反逻辑常理型标题是为了满足用户猎奇的心理，通过相对夸张的用词及修辞手法吸引用户的注意，让用户产生好奇、疑问、惊奇等心理，从而关注直播。一般该标题包括疑问 / 惊叹、夸张身份、商品三个部分组成，如图 3－8 所示。

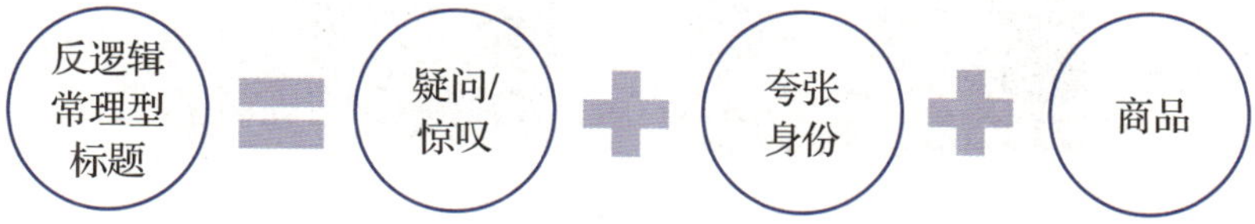

图 3－8　反逻辑常理型标题

如："这是神仙们都爱的速干衣""CEO 们都爱吃的国民坚果""儿童节到了，给玩具一个孩子吧"。

二、直播封面设计

1. 直播封面设计原则

直播封面设计需遵循三个原则：清晰、易懂、高品质。

（1）清晰，指图片清晰，建议图片像素为 1 600 × 900，不掺杂文字或其他信息，突出直播主题，如图 3－9 所示。

（2）易懂，指图片内容可以是主播照片或跟主题有关的内容，让人一眼就能看懂，如

图 3－10 所示。

图 3－9　直播封面对比（1）

图 3－10　直播封面对比（2）

（3）高品质，指图片内容高级、有档次，如图 3－11 所示。

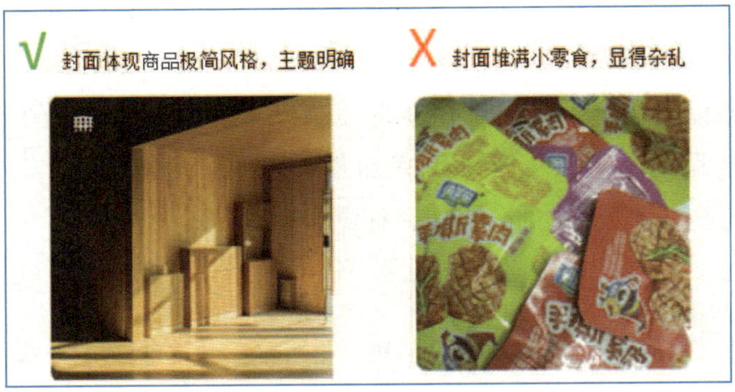

图 3－11　直播封面对比（3）

2. 直播封面主要内容

（1）封面展示使用场景。

封面展示直播主要商品的使用场景，能迅速将用户带入情境，指引有需要的用户关注，或唤起潜在用户需求。如销售艾条，可在封面展示艾条的使用场景，如图 3－12 所示。

（2）以模特形象为封面。

爱美之心人皆有之，封面展示模特的良好形象，容易让用户产生代入感及美好愿景，产生身临其境的感觉。一般服装类、美妆类商品会采用此方法，但需注意不能未经同意采用真人的图片，以免侵权。

（3）以主播或参播名人为封面。

以主播及参播名人为封面，借助其知名度能够建立用户的信任感，也能吸引相应粉丝的关注。

（4）以“场景＋模特”为封面。

“场景＋模特”既能借助模特的美好形象，又能体现商品的使用场景，以此为封面，可以直观展示商品的使用效果，如图 3－13 所示。

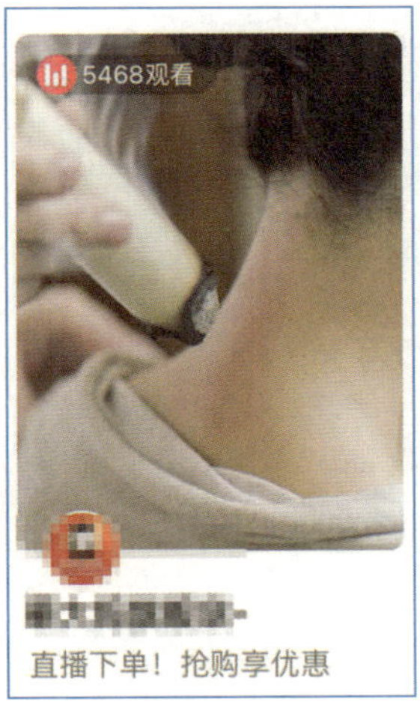

图 3-12　封面展示使用场景

图 3-13　以“场景＋模特”为封面

（5）以商品特写为封面。

以直播间主营商品或热销商品细节为封面，既能传递直播间的定位，也能以商品优势吸引用户注意，重点突出，主题明确，如图 3-14 所示。

（6）以节日活动主题为封面。

主要以节假日为主题开展针对性活动，具有时效性及指向性。图 3-15 所示为体现“亲选七夕浓情爱礼”节日活动的封面。

（7）以活动促销内容为封面。

封面直接体现促销活动内容“××直播间抽免单啦”，让用户一眼就能看到活动的内容和折扣力度，由此吸引用户进入直播间，如图 3-16 所示。

图 3-14　以商品特写为封面

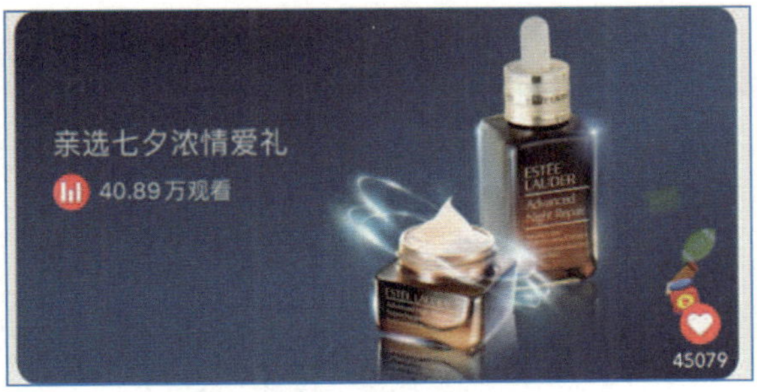

图 3-15　以节日活动主题为封面

图 3-16　以活动促销内容为封面

（8）以品牌定位为封面。

以品牌定位为封面，重点强调商品的价值，如图 3-17 中的“真棒，爱车不怕脏”，体现品牌的商品定位为汽车清洁，为商品塑造良好的形象。

图 3－17　以品牌定位为封面

3. 直播封面设计注意事项

（1）封面图必须符合平台规范。

封面图必须符合平台的规则要求，包括尺寸、分辨率等，否则平台不予以显示。如淘宝平台要求：封面不可加标题及文字；封面要简洁；不可以用拼接图或加边框的图；不能在封面留联系方式，加水印，用表情包，放商家标志或二维码（防止引流到其他平台）；不允许使用没有版权的肖像、图片；不能涉黄；画面要完整，主题要突出等。

小知识

直播封面设计 Q&A

Q：标题或者封面审核不通过，会有什么影响？

A：审核不通过，该场直播将不会在直播频道等公域渠道出现。

Q：疫情期间封面图或者标题使用“口罩”等相关描述可以审核通过吗？

A：不可以，特殊时期，不能使用疫情等内容作为直播间宣传。

Q：封面图中可以使用人像图片吗？

A：若是没有获得相应授权，不能使用，存在侵权风险。

Q：封面图可以出现真人穿着内衣的图片吗？

A：不能，直播间封面图不能过于裸露。

Q：封面图可以使用拼接的图片吗？

A：不能使用拼接的图片。

Q：直播间标题最长可以设置多少个字符？

A：主播 App 端标题可设置上限为 16 个汉字，中控台仅支持上限 10 个汉字。

Q：标题中可以使用“测试”“测播”等词吗？

A：不能，封面标题中不能出现“测试”“测播”等词，否则将无法通过审核。

（2）封面需要考虑固定信息的展现。

进行封面设计应考虑固定位置的遮挡影响及固定信息与封面的适配性。主要的固定信息包括：观看直播人数、主播头像与名称、直播标题、点赞等，如图3-18所示。

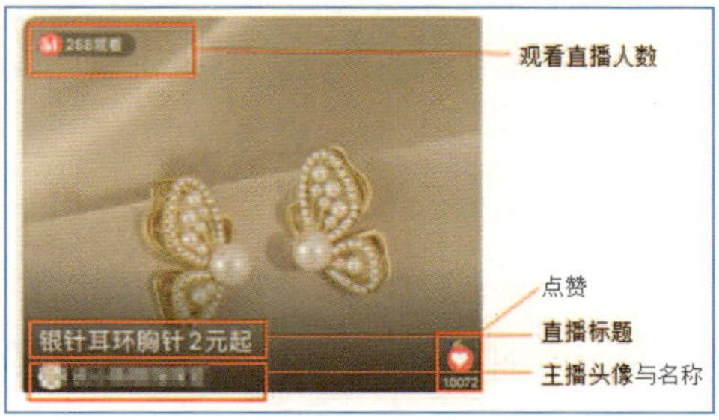

图3-18 直播封面固定信息位置

（3）直播封面不能低俗、违规违法。

有些直播经营者为了博眼球，会用一些低俗、诱惑性强的封面来吸引用户进入直播间。这样的封面被官方检测后，会被重置、隐藏，严重者还可能被封禁。

（4）直播封面更换频率不能过高。

稳定的直播封面可以作为主播IP的一部分，作为展示直播内容的一个环节。频繁更换封面容易破坏用户对直播的印象，不利于形成用户黏性，易导致用户流失，所以不能频繁更换封面。

三、直播文案内容写作

根据流量来源的不同，直播间流量可以划分成两种类型：自然流量（免费流量）和付费流量。这里主要讨论自然流量的获得技巧，主要对社交媒体文案、海报文案、短视频文案展开讨论。

小知识

自然流量和付费流量

自然流量，是指用户在对某个信息有需求的时候，主动寻找信息，主动关注，或由系统主动向平台用户推送而获得的流量。自然流量最大的特点是免费，可以通过日常运营不断获取新粉丝，进而促使算法系统加大直播流量的推荐力度，形成一个良性循环。

付费流量，是需要付费购买才能获取的流量。付费流量最大的特点就是灵活，且能产生短平快的效果。

1. 社交媒体文案

社交媒体引流属于免费引流的一种，在常见的社交媒体如微博、微信、小红书、知乎等平台通过输出有价值的内容实现引流的目的。一般写作内容包括提出问题、提供解决方案、抛出行动指令三部分。常见的社交媒体直播文案引流技巧如下：

（1）制造信息缺口。

利用每个人的知识或者见闻的“缺口”，以传递知识、为用户解决问题的方式，引导用户参与直播。直播引流文案先让用户意识到“缺口”的存在，即让用户意识到自身需求；再吸引用户进入直播间，获取相应的知识或解决方法。如：

“清理厨房太累，想要省力又省钱，来我直播间告诉你！”（知识型直播）

（提出问题）　　（效果）　　（抛出行动指令）

“秋天的第一杯奶茶算什么，秋天的最美穿搭，我的直播间全都有！”（带货直播）

（提出问题）　　（传递知识）　　（抛出行动指令）

（2）借势宣传。

借势文案一般常见于品牌、达人的直播预告中。当主播邀请名人进入直播间，可直接借名人来宣传造势，也可以借助时事热点，提高直播的关注度。如：

“奥运会马上要开幕咯！明晚来直播间，我和 ××× 一起带大家提前感受赛事氛围，为中国运动健儿加油！”

在宣传预告直播时，常见的方式是借名人的热度进行宣传，以此提升直播预告文案的曝光度，进一步为直播间导流。

除了借名人热点，同样可以借时事热点。如奥运会期间，某主播在文案中引入奥运会相关热门话题，“为中国运动健儿加油”，既贴近时事，也使直播获得较高的观看率。

（3）抽奖福利。

抽奖福利型引流文案，主要是抓住用户的求廉心理，展示直播的价格优势，起到直接引导用户关注的目的。这种直播引流文案最常见。如：

“××携手××店铺给姐妹们发口令红包，点淘搜索‘××福利’，就可领到最高100元红包！”

“关注#××直播间#转评赞，抽200人平分2万元现金红包！”

抽奖福利型引流文案，抽奖或赠送的奖品要有足够的吸引力，或能满足某一用户群体的需求，鼓励目标用户群体转发评论，提升点击率。同时需要兑现福利，不能虚假宣传，愚弄用户。

（4）剧透商品。

剧透商品，即在文案中直接预告直播商品，附直播商品清单，直接吸引对商品有需求的用户进入直播间，提高直播针对性。如：以“云南水果产地助农直播”文案为例，直接展示商品有“石榴、雪莲果、鲜花饼”等，为有需要的用户节约时间，提高直播效率，如图3－19所示。

图3－19　剧透商品型文案

（5）分享干货。

分享干货，即解决问题式引流文案，能够为用户解决问题或者带来“好处”。文案能够让用户在直播间获得某种可操作化的价值或有用的内容，从而吸引他们进入直播间。如全民护肤节直播预告：“为什么色斑爱找上你？活了半辈子，你认识几种斑？”如图 3－20 所示。

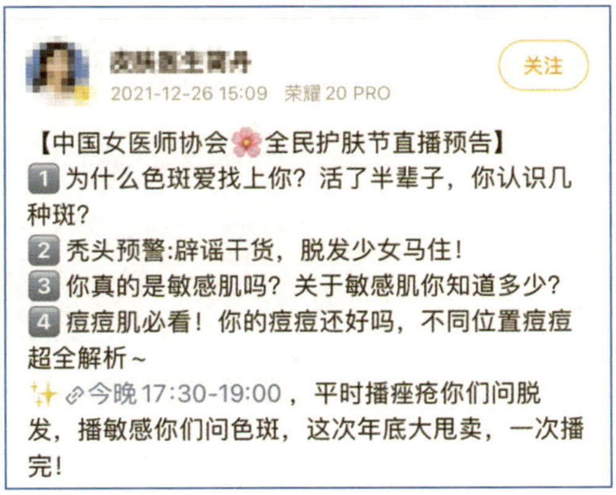

图 3－20　分享干货型文案

（6）唤起好奇心。

唤起好奇心式引流文案，通过“卖关子”或“制造悬念”的方式增加直播的神秘感，调动用户的好奇心。但要注意把握“神秘”的度，准确吸引用户注意及关注。

如：某主播直播预热文案中的“不要回答，不要回答，不要回答”“众所周知，1972 年发生了两件大事，一是鸭鸭品牌成立，二是……”两个文案都没有表述完整，而是采用“欲语还休”的方式，勾起用户的好奇心，引导用户进入直播间，了解情况，获得答案。

（7）体现主题或特色。

引流文案针对直播的主题或特色商品、主打商品进行宣传，体现直播的独特性。如图 3－21 中的“助农直播　果蔬特卖专场”，以“助农”为主题，体现直播的鲜明主题。

2. 海报文案

直播海报通常包括主播照片 / 商品主图、主标题 / 副标题、细节内容 / 卖点、二维码、直播时间等要素，如图 3－22 所示。直播海报文案语言简明扼要，形式新颖美观，能够抓住用户的眼球，引起用户的兴趣。

海报文案引流的写作重点在于海报文案的主题，根据主题不同，文案主要有以下六种类型：

（1）痛点型海报文案。

所谓痛点型海报文案，即利用恐惧性的描述指出用户的问题，并给出一个解决方案，从而给用户一种安慰，引发用户的信任、行动，达到直播引流的效果。如某直播海报描述买房可能遇到的“陷阱”，引起用户对问题的恐惧，引导用户通过参与直播获得问题的解决方法。

图 3－21　主题文案

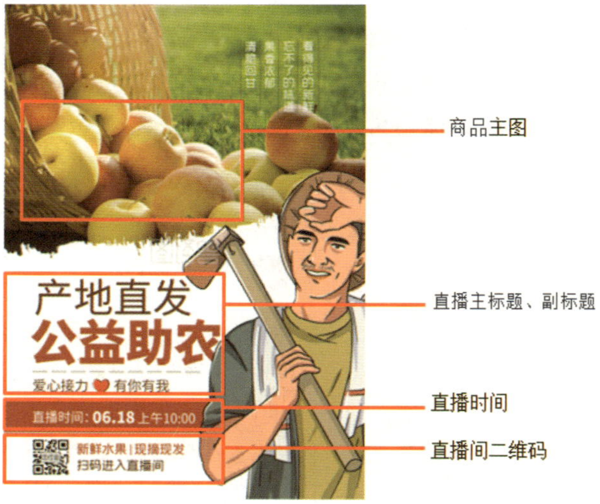

图 3－22　海报文案

敲黑板

痛点型海报文案：恐惧性的问题描述＋解决方案

（2）权威型海报文案。

权威型海报文案借助知名品牌、名人或行业权威专家作为海报重点，依赖用户对“头衔”或知识的信任，转接至对直播的信任。如以营养师为海报重点，强调“营养师深度科普配方奶粉”的直播主题。

敲黑板

权威型海报文案：知名品牌、名人或权威＋分享内容

（3）获得型海报文案。

获得型海报文案重点强调商品或服务为用户带来的价值，可以是物质的，也可以是精神的。如“××小粉瓶养颜绝招一瓶制胜”体现商品的养颜功效，“私藏秘籍大公开”强调干货分享，“××特惠定时秒杀”则强调价格优惠。

敲黑板

获得型海报文案：商品 / 服务＋物质获得 / 精神获得

（4）速成型海报文案。

速成型海报文案强调商品或服务带来的立竿见影的效果，以投入少、见效快著称，一般用于网络课程或保健用品类直播。如网络课程直播强调“只需 7 天即可做出大神级 PPT。”

敲黑板

速成型海报文案：耗时少 / 投入少 + 呈现效果

（5）好奇型海报文案。

好奇型海报文案即在海报上通过疑问、设问等方式，唤起用户的好奇心，从而达到吸引用户进入直播间的目的。如图 3－23 采用疑问的方式提出“什么？居然敢直播这个”“史上最难喝饮料 TOP5”，让用户好奇所售商品为何物。

（6）主题型海报文案。

主题型海报文案以直播主题或特色商品为宣传点，体现直播的独特性与针对性。如图 3－24 所示“益起播 · 我为乡村振兴助力”的公益专场带货直播，以“助力公益”为主题，以谐音为特色引起关注。

图 3－23　好奇型海报文案

图 3－24　主题型海报文案

赏实例

直播倒计时海报文案

直播倒计时海报文案一般为系列文案，构图、颜色、背景、文案故事相似，按时间顺序逐步推出相应的文案内容，将用户一步步引入直播活动，如图 3－25 所示。

图 3－25　倒计时系列直播文案

为了给即将到来的首场直播预热，某主播联合抖音发布了一系列预热海报，给大家出了几道填空题，如图 3－26 所示。

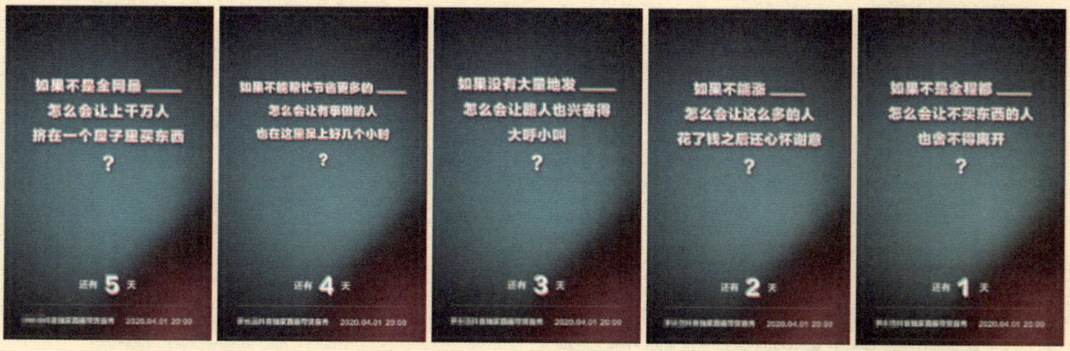

图 3－26　某主播抖音倒计时系列直播文案

直播长图型海报文案

直播长图型海报文案能够为直播预告传递更多的内容，包括主题及直播清单。图 3－27 为某银行的微博截图及点开后的长图，同时也能让用户自主选择是否点开，更人性化。

直播组图型海报文案

直播组图型海报文案由多海报组成，同样能够预告直播清单，表现形式上可表现拼图效果，如图 3－28 所示。

图 3－27 直播长图型海报文案

图 3－28 直播组图型海报文案

3. 短视频文案

直播前发布预热引流视频，在视频中强调直播时间、直播主题、爆品推荐、福利活动等吸引力较强的信息，能够以最少的时间、精力，获得最多的流量和关注，并确保与直播相关的内容高频触达用户。

（1）短视频文案类型。

利用短视频为直播引流，根据内容不同可以分为六种类型：

1）亮点预告型。

亮点预告型通过告知用户直播间亮点商品或优惠促销内容吸引用户。如强调“击穿低价”“8 点来我直播间，随机抽取幸运观众，送一辆车！”“××牌扫地机器人 20 元”“××平板电脑 200 元”，采用简单直接介绍直播间优势的方式，提高直播间吸引力。

2）源头拍摄型。

以工厂、产地或上游供应商为短视频拍摄主要内容，体现商品的质量并利用企业的知名度为直播背书，提高用户对直播内容的信任感。此内容适合家居家电类产品、农产品，可强调厂家直销、最低价、有实力、品质有保证，也可强调农产品绿色无污染、纯天然。如图 3－29 为在生产基地及工厂拍摄的农产品直播短视频截图。

3）上手实操型。

上手实操型短视频，借助用户日常场景或日常生活烦恼，展示商品使用情况，为用户创造购物场景。利用用户熟悉的环境加上直观的使用效果，给用户产生心理暗示，增强购物欲望。如图 3－30 为扫地机器人使用效果直播短视频截图。

图 3－29 农产品直播短视频截图

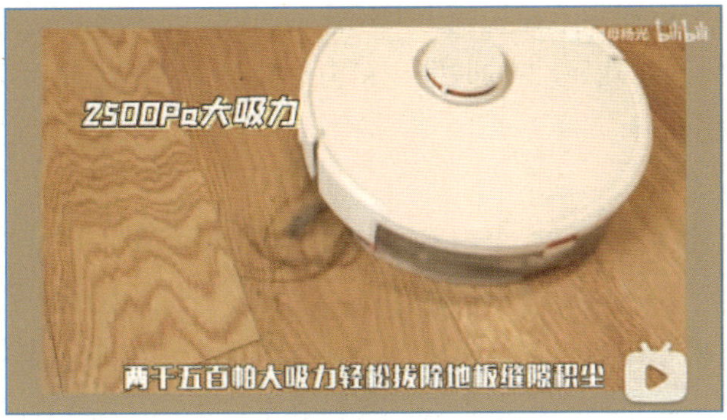

图 3－30 扫地机器人使用效果直播短视频截图

4）测评清单推荐型。

测评清单推荐型视频内容主要展示直播商品的特点，也包括列举直播清单，重点展示商品的优势及卖点，以此介绍商品，如图 3－31 所示。

5）幕后花絮型。

幕后花絮包括直播前准备花絮、直播中花絮及直播后打包发货花絮等，重点将直播间外有趣、有用的信息展示给用户，让用户参与直播全过程，增强用户参与感，并以此增加热度。如图 3－32 为某服装直播后花絮截图。

6）剧情故事型。

剧情故事型即将所要直播的商品植入场景故事中，借助故事让用户产生代入感，增强

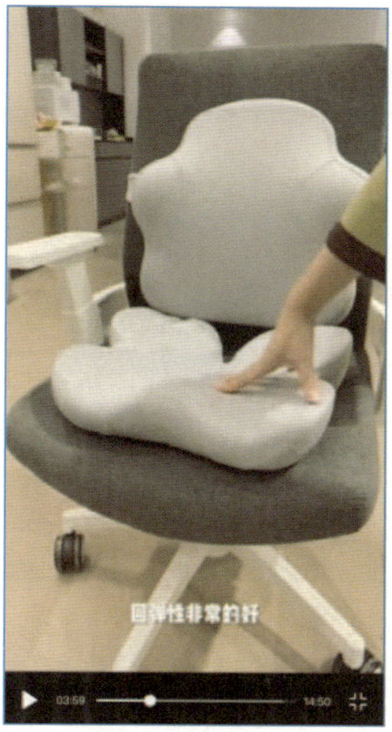

图 3－31　测评清单推荐型直播短视频截图

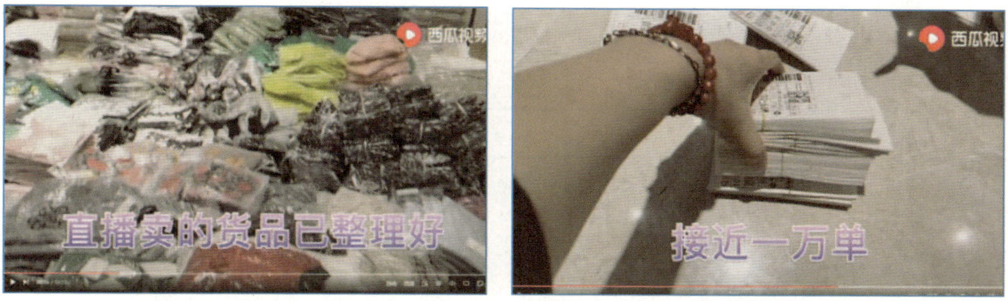

图 3－32　幕后花絮型直播短视频截图

直播的趣味性，加深用户对直播的印象。如某直播预告商品为粽子，短视频拍摄包粽子前上山找粽叶的准备过程及主播之间的对话，形成一个完整的故事。

（2）短视频文案注意事项。

通过撰写不同内容的短视频为直播引流时，还应该注意短视频发布时间及频率、引导信息设置等内容。

1）短视频发布时间及频率。

频繁发布短视频能够获得更多的关注，但容易被平台判定为重复信息或让用户产生疲惫感，为此可提前准备多个视频，并尽量采用不同的背景、不同的内容。短视频可提前 3 ～ 5 天发布，并在短视频内容、文案、评论中加入直播日期、主题等信息；也可在当天直播前发布，直接导流直播间；甚至根据直播现场情况边直播边引流。

2）引导信息设置。

发布短视频的目的即为直播间引流。哪怕短视频质量高、关注度高，播放量上了 10

万、100 万，如果不能达到为直播间引流的目的也没有意义。所以发布短视频时，要在短视频文案里面添加直播时间、直播平台等信息，或直接引导观众点击进入直播间。

任务实施

1. 分析直播引流文案写作技巧

引流是直播的必要环节，在着手撰写直播引流文案之前，可查找热门直播间在网络平台上的引流实例，了解引流文案的写作技巧，请你把相关内容填入表 3－5 中。

表 3－5　直播引流文案实例

项目		内容
直播间名称		
主播及相关介绍		
商品类别或行业		
平台名称		
引流文案	微博	
	微信	
	抖音	
	……	

2. 构思直播引流文案主要内容

在进行直播引流文案写作时需根据所播商品的卖点、直播主题、促销活动的不同，采用不同的技巧进行写作。在撰写直播引流文案时，可以从哪些角度进行创作呢？请你利用所学内容，初步概括引流文案内容，填写表 3－6。

表 3－6　直播引流文案主要内容

项目	内容
直播间名称	
主播及相关介绍	
商品类别或行业	
直播主题	
引流文案写作角度	

3. 设计直播标题

（1）结合直播内容及主题的设置，撰写不同类型的直播标题，并填写表3－7。

表3－7 直播标题

类型	标题要素	标题内容

（2）从表3－7初步拟定的标题中，选择最合适的标题进行优化，确定出最终标题。

____

4. 构思直播封面

（1）根据所确定的直播主要内容及直播标题，构思不同类型的直播封面，完成表3－8。

表3－8 构思直播封面

类型	封面主要内容

（2）利用“创客贴”或“Canva”等小程序，初步完成封面设计，并上传至直播账号。

5. 设计直播引流文案

直播引流文案可以根据投放渠道的不同，呈现不同类型的内容，包括社交类、视频类及海报类。为了从多渠道为直播引流，需要设计不同类型的引流文案。

（1）设计社交媒体直播引流文案。

为配合直播间中秋节大型促销，将在微博、微信、小红书等社交媒体发布引流文案，请你在文案中突出“促销、低价、个性”等要素，将文案写在下方。

微博引流文案：______________________________

____

微信引流文案：______________________________

____

小红书引流文案：____

____

（2）设计直播海报引流文案。

为配合直播间中秋节大型促销，将以海报的形式发布引流信息，请你完成海报文案设计。

1）确定海报文案的主题。

____

____

2）确定海报文案的内容。

____

____

3）利用“创客贴”或“Canva”等小程序，完成直播引流海报文案。

（3）设计直播短视频引流文案。

为配合直播间中秋节大型促销，准备拍摄一个短视频为直播引流，需完成以下任务：

1）确定短视频主题。

____

____

2）确定短视频的主要内容。

____

____

3）设计短视频脚本。

____

____

4）尝试完成短视频拍摄制作。

思政园地

直播带货要筑牢诚信基石

近年来，作为一种新的零售模式，直播带货风头日盛。新冠肺炎疫情防控期间，直播带货优势进一步凸显，激活了消费市场的“一池春水”。从“网红”主播带货到业界名人亲自出场，再到各种老字号纷纷入驻直播平台，直播带货成为新的风口。但在市场表现火爆的同时，一些问题也随之而来。从夸大其词的虚假宣传，到商品质量的货不对板，从售后服务的难以保障，到刷单、售假等各类乱象，都让消费者在购物中难以安心、放心。中消协的统计数据显示，37.3% 的受访者在直播购物中遇到过消费问题，“担心商品质量没保障”和“担心售后问题”是消费者的两大主要顾虑。

从本质上说，“直播经济”是“注意力经济”或“体验经济”的一种延伸。主播个人的影响力、感染力，让消费者对其推荐的商品有着更高的信任度；而即时性、互动性以及社交化的消费场景，又给消费者带来了更便捷、新鲜的购物体验，这样的特性更容易吸引用户，但也更容易藏匿问题。比如，一些主播在选品时，只对商品好不好卖进行预判，却对商品质量疏于把关，甚至为博人眼球、提升销量，夸张表达、使用“极限广告词”等引导消费者冲动消费；一些平台的支付和订单跟踪系统不完善，一旦产生消费纠纷，后期退换货就难以保障；一些商家在售卖伪劣商品后，即采取下架商品、拉黑用户等手段，导致购买者陷入维权困境……如此种种，损害的是消费者的权益，伤害的是直播经济的未来。

直播带货，借助的形式是直播，但最终交易的仍然是商品。商品质量过不过关、服务有没有保障，才是决定用户下一次会不会“买它”的关键。从这个角度来说，直播经济也是“口碑经济”“信任经济”，从业者的守法、诚信才是其发展壮大的基石，如果抱着做一锤子买卖的想法，必然无法行之久远。从主播、商家筑牢诚信基石，在商品质量、服务上严格把关，杜绝问题商品进入直播清单，到平台加强对经营者及主播的规范引导，完善消费者投诉举报渠道，再到相关部门加强对网上带货行为的监管，只有各方协同发力，才能让直播带货在“阳光大道”上越走越远，让消费者在安全放心的环境中提升消费体验。

越是红火的产业，越要警惕被流量带偏。数据显示，因疫情特殊时期的拉动，2020年直播电商规模超过 1.2 万亿元。作为被无数人看好的万亿级市场，直播带货是真正的“风口”还是“一阵风”，取决于其创新力，更取决于其发展走向。在经历“野蛮生长”带来的诸多问题后，如今直播经济的健康持续发展，已越来越引起重视。从人社部拟增设“直播销售员”新职业，将之纳入统一管理，促使其更好地为消费者服务，到浙江推动利用区块链技术对直播电商进行监管，助推解决电商交易的诚信问题，越来越多这样的努力汇聚在一起，直播经济的发展前景才真正令人可期、更加广阔。

诚者，百行之源也。未来，5G、虚拟现实等新技术的不断成熟和发展，将为消费市场带来更大的想象空间。但无论模式、技术如何改变，诚信作为商业的价值基石不会改变。为商业文明注入更多正能量，商业文明就能为我们的消费生活带来更多新惊喜。

资料来源：张凡 . 直播带货要筑牢诚信基石 . 人民日报，2020-06-16.

综合练习

一、判断题

1. 打造主播 IP 与直播所处行业领域无关。(　　)

2. 假如主播本人性格活泼开朗，则以此为 IP 标签有利于维持主播 IP 的稳定性。(　　)

3. 打造主播 IP 时可以仅根据个人爱好设定昵称，无须考虑用户及直播间定位。(　　)

4. 直播间封面图是一场直播的重要展示方式，封面图上不能掺杂其他文字和信息。（　　）

5. 某主播在直播过程中发现有用户在其直播间互动区发布虚假广告和骚扰信息，针对此种情况，最好的处理方法是主播联合“真爱粉”与该用户对骂。（　　）

6. 直播引流文案可透露将要直播的商品。（　　）

7. 直播过程中，即使没有名人参与直播也可以使用名人的照片作为封面图。（　　）

8. 除了发布预告时上传的商品外，直播开始后还可以继续添加其他商品。（　　）

二、单选题

1. 下列直播标题中属于功能内容型标题的是（　　）。

A. 夏天睡觉易出汗，试试这款凉席　　B. 品牌睡衣清仓 9.9 元起

C. 定制各种小户型家具　　D.×× 鲜花直播开始啦

2. 下列直播标题中属于活动福利型标题的是（　　）。

A. 开学季开始啦　　B. 纯棉四件套买一送一

C. 女童汉服夏秋新款专场　　D. 银针重工耳环快来挑

3. 某主播发布了一场 19:00 的预告，但 20:10 还没有开播，导致预告过期失效。针对此种情况，该主播以下哪种做法是正确的？（　　）

A. 在淘宝直播 App 中恢复已经失效的预告再开播

B. 向粉丝说明情况，做好开播前的准备，重新发布一场直播

4. 在设置淘宝直播预告时，需要注意的问题不包括（　　）。

A. 预告视频不要有水印　　B. 视频应为横屏

C. 视频要添加字幕　　D. 要在当天 16:00 以前发布

5. 在设计淘宝直播封面图时，需要注意的问题不包括（　　）。

A. 展现固定信息　　B. 干净、整洁

C. 使用拼图　　D. 展示直播间特色

6. 以下哪一类不合适作为直播间背景？（　　）

A. 背景以浅色、纯色背景墙为主，简洁大方、明亮、不花哨

B. 主播到服装市场采买，顺便在背景杂乱的摊位前直播

C. 直播间背景有 1 ~ 2 个假人模特出现

三、多选题

1. 打造主播 IP 的作用包括（　　）。

A. 以较低成本获得私域流量　　B. 以内容运营建立信任感

C. 以 IP 个性化去主播“同质化”　　D. 以 IP 提升直播变现速度

2. 一般主播人设有哪些类型？（　　）

A. 行业专家类　B. 导购促销类　C. 网络红人类　D. 说教讲理类

3. 主播IP主要有哪几种类型？（　　）

A. 故事型IP　B. 商品型IP　C. 知识型IP　D. 生活型IP

E. 娱乐型IP

4. 直播封面设计应遵循哪三个原则？（　　）

A. 清晰　B. 易懂　C. 高品质　D. 低价

5. 在直播过程中，会被叫停处罚的情形有（　　）。

A. 利用国家领导人或者领导人家属做宣传卖点，或者售卖商品带有领导人肖像

B. 直播中的行为或着装问题导致色情或低俗，例如在镜头前穿透视装等行为

C. 直播中播放新闻、游戏、电视剧、动漫、综艺节目等

D. 在直播间和粉丝聊家常，把宠物猫带来给粉丝看

E. 在直播间抽烟

6. 淘宝直播主要有哪些形式？（　　）

A. 达人直播　B. 名人直播

C. 店铺直播　D. 企业直播

7. 在塑造主播IP形象时，人格强化主要通过（　　）来实现。

A. 口头禅　B. 标志符号　C. 标签　D. 名号

8. 以下关于直播间标题的说法正确的是（　　）。

A. 直播标题要和直播的内容相关

B. 带有“秒杀”“清仓”等字眼的标题是违规的

C. 标题内容切中用户工作生活中常见的场景，让用户产生共鸣

D. 只要商品够便宜，标题怎么起都无所谓

四、案例分析

抖音曾出现一个销售女装的“黑马”账号，仅开播3场后，就获得百万交易额（GMV）的好成绩，30天场均销售额210万元，还通过直播涨粉近20万！这个低粉新号是怎么做到“爆单”又“涨粉”的呢？

1. 主打高性价比大码女装，专注垂直类市场精准吸粉

该账号在某日的直播中共上架10个商品，均为春夏大码女装，直播间最终销量2.1万件，销售额221.7万元。

在直播弹幕热词中，可以看到“视频”“想要”被提及的频率很高，而通过观众来源分析，我们发现直播间有24%的观众来自视频推荐（见图3-33），那么该账号到底发了什么视频能精准吸引用户呢？经分析，直播期间共有30条视频为直播间引流，视频标题多有“显瘦”“微胖穿搭”等字眼。结合观众的视频喜好标签，发现有7.34%的观众对“大码穿搭”感兴趣（见图3-34），因此视频可以精准吸引这个群体。

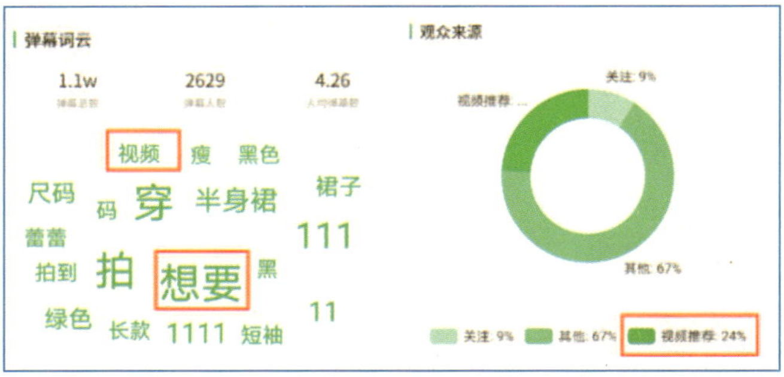

图 3－33　弹幕词云及观众来源分析

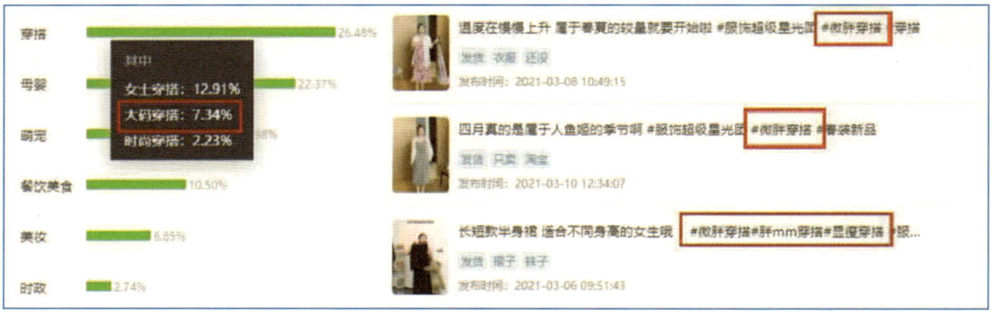

图 3－34　观众的视频喜好标签及视频标题

同时，通过购买需求分布，我们发现直播间观众对女装的购买意愿较强，且价格偏好集中在 100～300 元，与直播的商品价格定位相符（见图 3－35），因此更容易获得转化。

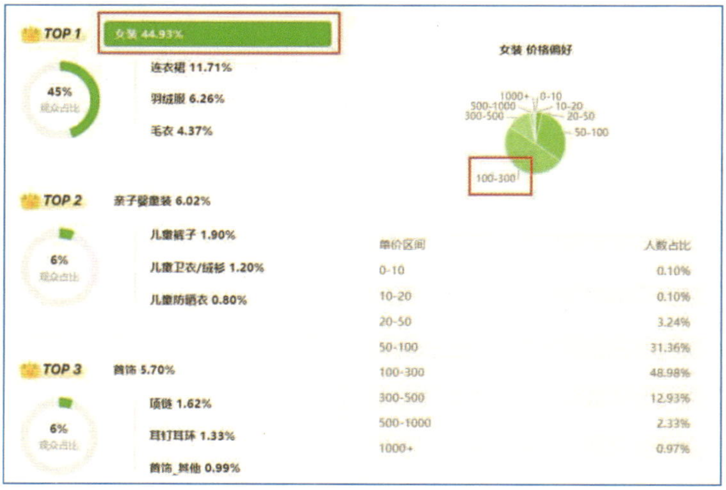

图 3－35　观众购买意愿比重分析

2. 大号发视频＋小号直播，矩阵化运营提高带货效率

通过直播记录，可以看到该账号是新运营的小号，而大号则是一个拥有 65.3 万粉丝的穿搭号。在 2 月份之前，大号也在持续带货，但自从小号开始直播带货后，大号的日常主要发布“微胖穿搭”的主题视频为小号引流。

这两个账号的合作店铺均为某女装店铺，该店铺目前共有 5 个推广账号，虽然账号定位都是针对微胖人群，但主打穿衣风格略有不同。可以推断该店铺很大可能是采用了团队矩阵的运营策略。

矩阵化运营，不仅可以打通多个账号进行互通引流，还可以通过差异化的内容输出，满足不同用户的需求，从而吸引更多精准用户，增强店铺的影响力，最终实现多方位推广。

3. 按评论互动数定价，限时限量营造稀缺感

查看该账号的购物车，发现直播间商品定价均为 999 元。但在讲解过程中，主播会不断提醒用户在公屏留言“1”，并表示“留言数达到 50，商品价格改为 169 元，留言数达到 100，价格将降到 139 元”。用优惠刺激用户进行留言互动，有效提高了直播间热度。

同时，直播间的过款速度较快，还采用了“少量多次”的方式上库存，每次商品讲解结束后都限量上架 100 件。购物车“已抢光”的提醒，不但暗示了商品的紧俏程度，也可以增加用户的停留时间，提高下单概率。

4. 爆款返场 + 新品上架，提升直播间新鲜感

和很多女装直播间不同的是，该账号的直播间上架服装数量比较少。但每次直播时，都会保留上一次直播的爆款，同时上架一款新品。这种“爆款返场 + 新品上架”的优势在于，几场直播中反复验证的爆品，可以保证直播间的销售数据更加稳定；而穿插上架新品，则可以有效提升直播间的新鲜感，在保证老用户的留存的同时，还可以测试上架的新品是否可以成为爆品。

阅读案例，回答以下问题：

1. 该账号是如何做到既爆单又涨粉的呢？这与该账号定位、标签、标题等因素是否相关？

2. 该账号的引流视频是如何实现引流目的的？

3. 根据该账号的特点为其下一场直播拟定一则社交媒体引流文案。

项目四

直播话术灵活运用

项目目标

知识目标

1. 了解直播通用话术的类别。
2. 了解直播销售话术的类别。
3. 掌握直播通用话术和销售话术的运用。

能力目标

1. 能区分不同的直播话术的类别。
2. 能在不同直播场景灵活运用不同话术。

思政目标

1. 了解各大平台直播话术违规词语。
2. 通过对直播违规话术和词语的认识，树立正确的思政意识和理念，明确直播过程要合法合规，维护网络良好环境。

项目导读

随着直播带货方式深入人心，由直播方式衍生的直播话术领域也逐渐受到各大商家和运营培训机构青睐。一场成功的直播，离不开巧妙设计的直播话术。利用精巧设计的话术模板，可以应对直播间的千变万化。本项目从电商直播的通用话术入手，深入分析电商直播销售话术及其使用技巧等内容。

- 直播话术灵活运用
  - 通用话术
    - 通用话术的类别
    - 通用话术的使用技巧
  - 销售话术
    - 销售话术的流程
    - 销售话术的使用技巧

项目引例

直播收单细节话术

销售最难得的时刻，恐怕就是收单的时刻。一些知名主播在直播时善用收单话术，从而形成高转化率的销售，促成了一场场成功的电商直播。现在就让我们来看看他们是怎么做的吧！

在一些直播间，你经常会听到“孕妈妈也可以放心使用，小朋友也可以放心使用”等。这些话的主要作用，并非是把买单用户锁定在孕妇、小朋友身上，而是借用对于安全性有特殊严格需求的孕妇、小朋友群体也可使用，来说明正在售卖的商品安全、可靠、无刺激，来推动更多普通消费者放下对商品安全性的顾虑，立刻下单。

在打消买单顾虑上，一些主播还有一个做法，就是会劝新用户或不确定自己是否适用的用户谨慎下单，第一次少买一点。用户如果满意，不仅会复购，还会介绍朋友成为你的客户，好处多多。所以，珍惜商誉，利人利己。直播间面对的是几十万人甚至上百万人，对用户真诚，才是能够让用户安心下单的最佳策略。

在直播间你会多次听到主播不厌其烦地讲解下单流程，如“先领40元优惠券，然后下单的时候数量填2，填2就是10件，10件到手价88元”等，而这时助理会用手机展示在哪里领优惠券、下单的界面是怎样的（见图4－1）。不厌其烦地讲解演示，作用有两个：一是引导下单行动，二是避免下单过程中用户不熟悉操作。

图4－1　直播引导下单话术

案例分析

直播的成功离不开以下因素：

1. 销售准备充分。无论销售的道具准备、商品准备、卖点准备，还是个人状态的准备，都要非常充分。主播和团队的事前准备，直接影响直播带货的成交率。

2. 把握用户心理。主播的话术要善于把握用户的心理，在用户出现犹豫的时候，随时洞悉用户的疑问，主动讲出用户的顾虑问题，给予让用户放心的解答。

3. 善于引导下单。有经验的主播会适时地做一个动作，起到“推一把”的作用，促使用户完成最后购买的一步。主播讲述下单流程，就起到了这个作用。很多用户都是在主播的讲解中，点商品链接、点优惠券、点立即购买、填数量、点确认。站在用户的角度，排除下单操作中的障碍，防止某些用户因不熟悉网购操作而影响下单。

任务一 ▶ 通用话术

情景导入

对于在镜头前展示商品，面对众多观众直播，从而促成用户下单的行为，小琳几乎没有经验，对自己也没有信心。小琳在电商直播创业过程中，了解到直播过程中话术的重要性，于是决定认真学习直播通用话术。

任务目标

1. 了解直播通用话术的类别。
2. 掌握直播通用话术的使用技巧。

知识储备

话术，并非是一种可以套用的固定的便捷说话模式，而是一种沟通技巧，也就是如何说话才会让人觉得愉快，这是主播必须掌握的一项技能。很多人开始做直播的时候，不知道该说什么，也不知道该做什么，脑子一片空白，这种状况会导致用户的流失。通用话术可以帮助直播新人走出直播第一步。

一、通用话术的类别

1. 开场欢迎

就像宴会开始前要先寒暄一样，直播前也需要开场欢迎话术，帮助用户快速适应直播间这个“场”的氛围。

常用的开场欢迎话术主要有以下六种：

（1）自我介绍。

1）简洁型：“大家好，我是一名新主播，今天第 × 天直播，谢谢大家支持！”

2）热情型：“大家好，我是一名新主播，还有很多不懂的地方，如果有什么地方做得不好，希望你们多多见谅，如果有喜欢听的歌可以打在公屏上，会唱的话我就给你唱，不会的话我就去学，感谢大家的支持！”

3）俏皮型：“千山万水总是情，我是 ××！朋友，帮忙点个关注，感谢有你。”

（2）礼貌欢迎。

1）“欢迎来到 ×× 直播间，点个关注不迷路，事不宜迟赶紧行动！”

2）“欢迎 ×× 来到我的直播间，喜欢主播的点个关注哦！”

3）“欢迎 ×× 来到我的直播间，他们都是因为我的幽默感留下来的，你也是吗？”

小知识

前面提到的自我介绍和礼貌欢迎，一般是新手主播使用的话术。而对于一些有经验的主播，一场直播 4 个小时左右，上架品种 50～80 个，每个商品最多只有 3～4 分钟亮相时间。所以时间对于他们来说是非常宝贵的，他们经常采取单刀直入、直奔主题的开场方式。

（3）引导留言。

1）“欢迎各位帅哥美女来到我的直播间。刚刚进入直播间的是美女还是帅哥呢？刷刷弹幕让我看到你哦！”

2）“欢迎 ×× 来到我的直播间，相遇即是缘分，快来和我聊聊！”

3）“欢迎来到我的直播间，今天大家有什么想看想买的零食呢？欢迎大家在屏幕上打出来！”

（4）点名互动。

1）“欢迎 ×× 进入直播间，咦？这名字有意思 / 很好听，是有什么故事吗？”

2）“欢迎 ×× 来捧场，看名字应该是老乡 / 喜欢听音乐 / 玩 ×× 游戏的，是吗？”

3）“欢迎 ×× 的到来，我直播间第一次见到这么厉害的名字，前排合影留念啊！”

4）“欢迎 ×× 回来，每次上播都能看到你的身影，特别感动。”

（5）展示促销。

开场可以通过展示商品促销内容，快速抓住用户眼球，提高直播间的关注度。

例如：“欢迎大家来到我的直播间！今天是‘618 年中大促销’，我将为大家带来一款超值商品，今天直播间的朋友可以享受超低直播价哦！走过路过不要错过！”

（6）开播抽奖。

开播就通过抽奖方式，拖住用户的脚步，提高直播间的关注度。这种话术要紧扣用户心理，选择正确的商品，而且抽奖的程序要简单易操作（见图 4-2）。

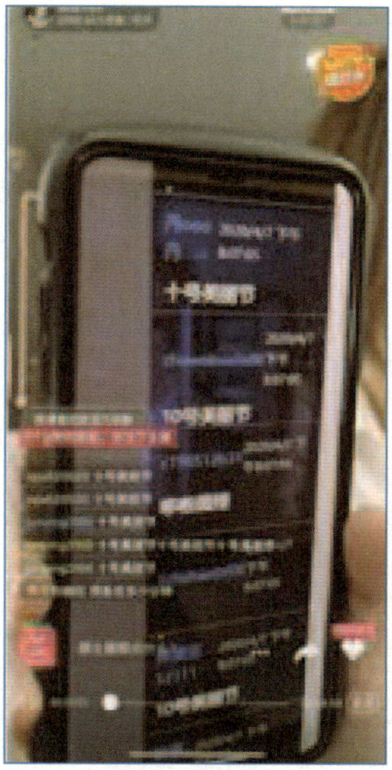

图 4-2　开播抽奖

例如："话不多说，开播前先来抽奖！今天是母亲节，在评论区打出'妈妈我爱你'，我会随机截屏 5 次，截屏成功的朋友将会获得 20 元红包！准备好了吗？"不少主播经常在开播时就通过抽奖方式来迅速聚人气。

赏实例

本着"时间就是金钱"的原则，主播要提高效率，就要一针见血地指出今天直播的主题是什么、有哪些活动、有哪些品牌推荐、秒杀的有哪些货品等。在直播一开始把这些内容抛出来吸引用户，并使其关注直播间，形成观看流量，达到预热的目的。

例如，在 2020 年 1 月某期直播中，某主播一开场就说："今天的直播主题是年货节，这次年货节有终极秒杀，今天晚上有非常多的好物！有 ×× 牌子的坚果大礼包、×× 品牌的巧克力礼包、×× 品牌的棒棒糖、×× 品牌为鼠年特别出品的新年手链……"

在这段类似于提纲挈领的开头介绍中，主播以 1.5 倍的语速说出当晚所有的货品。因为主播是全行业货品推荐，带货范围极广，有零食、水果、化妆品、家电、日用品、手机、酒类等，所以用户总能在这几分钟内听到自己感兴趣或者有需求的品牌，真的就印证了那句话——"总有一款适合你"。

2. 暖场互动

在直播过程中，通过主播与用户实时的互动，让用户切身感受到主播的专业服务，用户诉求可以较快得到回应，主播也能够快速得知用户的反馈。

通常主播可以通过以下三种直播话术进行互动：

（1）发问式互动话术。

这类发问式互动话术，答案只能是肯定或者是否定，用户打一两个字就能发言了，主播也能快速得到用户的答案，不至于在等答复时冷场。例如：

1）“刚刚给大家分享的小技巧大家学会了吗？”

2）“你们能听到我的声音吗？”

3）“这款口红大家以前用过吗？”

4）“来，大家猜一下，我第一次和琴姐见面时用的是什么交通工具？答对有奖！”

（2）选择式互动话术。

选择性互动话术，就是给用户抛一个选择题，发言成本很低，能够迅速让用户参与到直播互动中。例如：

1）“想看我开薯片的刷 1，想看我开辣条的刷 2。”

2）“想看我换左手这一套衣服的刷 1，右手这一套的刷 2。”

3）“我看一下评论区，认识我和猫叔的刷 1，不认识我和猫叔的刷 2。”

（3）节奏式互动话术。

这类的直播话术就是要用户参与到发言当中，让新进来的用户看到直播间很活跃，很好奇为什么那么多人刷“666”，主播到底是表演了什么，还是展示了哪个爆款商品，很想一探究竟。

1）“觉得主播跳得好看 / 唱得好听的刷 666。”

2）“刷拨 520 让我感受一下你们的热情。”

3）“想看一下大家对 ×× 最惨女主播的赞美，做直播很累的，我需要你们用点赞给我勇气！”

4）“大家评论区刷一下‘关注主播’，小助理截图，截到的宝宝都能中奖！”

3. 宣传引导

要想让更多的用户熟悉了解你，引导用户关注快速提高主播人气，主播还需要一定的宣传引导话术。比如：

（1）宣传直播时间。

1）“非常感谢所有还停留在我直播间的朋友们，我每天的直播时间是 ××—×× 点，风雨不改，没点关注的记得点关注，点了关注记得每天准时来看哦！”

2）“关注我们的直播间，我们每晚 8 点不见不散！”

（2）宣传直播内容。

1）“我是 ×××，今天来给大家分享几个美妆的小技巧，学会了你也可以是美妆达人。记得关注我，了解更多简单易上手的美妆技巧。”

2）“今后直播间还会给大家带来很多护肤知识干货，一定要先关注我们的直播间哦！”

（3）引导关注直播。

某些主播在直播时，每隔几分钟时间就会重复一次“喜欢我可以多多关注我们的直播间”，通过这样的直播话术，引导用户关注，加深用户的印象。其他直播间引导关注的方式更直接，如“来了先分享，再来抽大奖”“只要分享直播间而且关注过的人就能有机会抽到奖哦”。

4. 答疑种草

在直播中，主播最重要的就是展示自己的专业，建立用户的信任。答疑，就是实现这一目的最重要的环节。愿意提问的用户就是对商品感兴趣的潜在消费者。现场互动时，主播必须在很短的时间内，针对用户的问题给出既专业又得体的回答。新手主播很可能出现没看清问题、答非所问、回答不专业、回答啰唆、回答卡顿等情况。因此，主播要预判用户可能会问哪些问题，并准备回答话术。用户经常问到的问题包括以下两种：

（1）商品相关问题。

如果用户问到商品相关问题，说明他们对商品产生了兴趣，主播一定要耐心解答。例如卖衣服的直播间，经常有用户问到“主播多高、多重？”“这件外套主播能不能试穿一下，是什么效果？”“这条裤子小个子能穿吗？”等问题。这时主播可以及时回答：“主播身高 160，体重 90 斤，穿 s 码，小姐姐们可以对比一下自己的身高和体重选尺码哦！”或者直接晒出各类身高和体重适合的尺码图，相同的问题可能会不停地有人问，这个时候最重要的是耐心。

遇到类似“个子不高能穿吗？”“太胖能穿吗？”“油皮能用吗？”等问题，主播就需要有引导性回答，有针对性地引导用户购买商品。例如，主播可以说：“小姐姐要报具体的体重和身高哦，这样主播才可以给你合理的建议哦。”“小姐姐是外油内干还是混油皮呢？”等。如图 4－3 所示，某品牌行李箱直播现场，许多用户都在询问商品相关问题，这时候考验的就是主播的话术熟练度和商品展示能力了。

图 4－3　某品牌行李箱直播现场

（2）质疑主播不理会。

如果有用户说：“怎么不理我？一直不回答我的问题？”这时一定要及时安抚。例如：“没有不理哦，弹幕太多刷得太快，你可以多刷几遍，我看到一定会回的哦。”

问答话术的关键是耐心。同一个问题会有很多人问，主播有时候要反复回答相同的问题，或者通过引导才能完全解决用户的问题，所以一定要耐心才能留住用户。

5. 危机应对

在直播过程中，会出现各种各样的突发情况，新手主播可能因为缺乏处理经验而出现应对不力的尴尬状况。所以主播需要具备处理直播间突发情况的能力，把控好直播间的氛围。

直播间经常会出现一些恶意辱骂、扰乱直播间良好氛围、对商品进行无端恶意攻击的言论。面对这种言论，主播要有强大的心理素质，直接无视挑衅言论，可私下拉黑或者禁言，严重者可以联系平台进行处理。对于有一定粉丝基础的直播间主播，也可以采用自嘲话术。比如“有黑粉？哎！我原来这么有人气！”“现在我就来展示自己的真本事——黑转粉！”等。通过这些话术，化解直播间尴尬气氛，把控直播间的舆论导向。

赏实例

不是所有的突发事件都能够在直播间用话术化解。比如在直播间展示商品过程中出现“翻车”事故，造成与商品介绍截然不同的使用效果，怎么处理呢？

例如某主播的“不粘锅事件”。2019 年 10 月 9 日，某主播在直播过程中，为展示某品牌不粘锅，现场通过煎鸡蛋进行验证，却发生了粘锅，如图 4 - 4 所示。该主播的处理方法是于 2019 年 11 月 2 日在社交平台回应称：经过四五天的反复实验，发现问题出在使用这款不粘锅时，没有经过说明书上要求的“用前先倒入水煮沸后倒掉”的“开锅”过程。随后展示了锅具说明书，并现场用旧锅、新锅做了试验。结果显示，使用“开锅”后的旧锅无油煎蛋未粘锅，而使用未“开锅”的新锅无油煎蛋则再次发生粘锅。

图 4 - 4　不粘锅直播现场

又比如“大闸蟹事件”。2019 年 11 月，有网友质疑主播 9 月在直播间推荐的大闸蟹涉嫌虚假宣传。他的处理方法是，工作室在 2019 年 11 月 13 日发表声明称：主播在直播间介绍商品时失误，把"阳澄状元"大闸蟹说成"阳澄湖的大闸蟹"，是因为公司在解读商家提供的信息时出现偏差。消费者出现任何售后问题，公司将协同商家负责到底，确保消费者利益得到保障。主播本人也转发微博表态："引以为戒，提升自我，不辜负消费者信任。"

发生操作商品失误和介绍商品失误，一定要在事后有验证解释或承认错误的回应，而不能仅仅用讨巧的话术避开问题。

6. 感谢下播

不管是送礼物点赞的用户，还是默默观看直播的用户，每一个参与直播的用户都值得感谢。因此，主播在下播之前，可以用感谢类直播话术来表达对用户的感谢，这不仅能延续用户的不舍之情，也是给自己做一个简单的总结。比如：

（1）"感谢你们来观看我的直播，谢谢你们的礼物和点赞！陪伴是最长情的告白，你们的爱意我收到了。"

（2）"感谢朋友们今天的陪伴，感谢所有进入直播间的朋友们，谢谢你们的关注、点赞哦，今天很开心！"

（3）"最后为大家播放一首《朋友》，播完我就下播了。希望大家睡个好觉、做个好梦，明天新的一天好好工作，下场直播我们再聚！"

（4）"下一次直播的商品有哪些呢？有……我们暂时先预告这些给大家。没有关注的朋友，单击直播界面左下角，关注一下直播间哦！"

（5）"非常感谢所有还停留在我直播间的朋友，每天准时来看哦！"

二、通用话术的使用技巧

通用话术的使用技巧如图 4－5 所示。

1. 开场欢迎，迅速控场

在简单说完开场欢迎词后，能否迅速控场，成为这场直播成功与否的关键，也直接影响到用户对于主播的第一感觉，影响到商品的销量。所以很多主播采用开门见山的方式直奔主题，以商品优惠作为前引，配合直播主题或者购物节日，在开场最大限度地吸引新老用户的目光，为后续直播进行预热。比如："欢迎大家来到我的直播间！今天的直播主题是'购物狂欢节'，这次狂欢节有终极秒杀，今天晚上有非常多的好物！走过路过不要错过！"

图 4-5　通用话术的使用技巧

在开场控场之后，继续推出抽奖活动，将用户的热情推向高潮。抽奖这种营销方式其实是利用了人们的“碰运气”心理，反映在销售话术上，就是宣称“大减价”“积分换购”“抽奖”“清仓大甩卖”“亏本大甩卖”等，消费者很容易被吸引过来。所以抽奖是屡试不爽的销售利器，直播带货也免不了使用这个利器。这就是主播直播时惯用的“秒杀＋抽奖”模式，每一次直播中总会来那么几次，一拨又一拨似浪潮的“好便宜、好划算”福利扑面而来，容不得人喘一口气。这种无缝对接、分秒必争、集群轰炸的营销策略，让我们十分清晰地看到，直播带货高成交量的背后是冲动型消费、群体盲从心理的集中体现。

好的开始是成功的一半。在开场就使用抽奖秒杀策略，纯粹是为了迅速提高人们对于直播间的兴奋度和期待度，迅速聚集人气，为后续直播奠定良好的氛围基础。

敲黑板

直播开场抽奖话术要简单明了，节奏紧凑。例如：

“废话不多说，我们先来抽拨奖。”

“5、4、3、2、1，开！”

2. 暖场互动，杜绝冷场

冷场，是直播时主播最害怕出现的事情。冷场的时候，也是最考验主播水平的时候。当直播出现尴尬或者冷场时，有经验的主播就会找准谈话切入点，转移话题以缓解气氛。

（1）消费者的关注点。

主播要找到消费者的关注点。每个人都有自己的兴趣点，人们通常会对与自身紧密相关的事物感兴趣。找准直播商品的消费对象，提升消费者参与的兴趣。

赏实例

某主播在卖男士洗面奶时说，各位女生可以送给自己的老公或者兄弟，结果评论刷的都是“他不配”，如图 4－6 所示，该产品当天的销量比较惨淡。由此可见，主播的粉丝多数是年轻女性，喜欢吐槽和玩梗，觉得没有必要给自己的老公或者兄弟购买护肤品。于是该主播在下一次直播男士护肤品时，改变了潜在购买对象，在直播间说起自己的父亲最近也用起了护肤品，因为看到母亲越来越年轻，不甘落后，而且强调护肤品组合比之前的划算太多。他将年轻女性的购买理由巧妙地从伴侣转移到父亲。

图 4－6　直播卖男士护肤品

（2）消费者本身的利益。

另一个转移话题避免冷场的技巧，就是关乎消费者本身的利益。比如有些主播不间断“送送送”，除了直播开始时抽奖外，每隔一段时间，当直播间人气不太高的时候，就会说“我们来抽拨大奖”。抽完奖之后，再接着说刚才那个人气不太高的商品有一张优惠券可以领，通常这种情况下又会带动一拨订单。

3. 宣传引导，善用心理

人们在生活中与人沟通交流时，话题总是下意识地围绕着自己，也是“求关注”心理的体现。实际上，获取关注，甚至是重点、唯一的关注，是人们社会生存的本能。成功的主播都很善于营造这种“主角光环”，让每一个观看直播的人都产生“这就是为我量身定做”的代入感和自豪感。比如主播抛出一个二选一的选择题，让用户自己选，掌握主动权，由用户主动参与的投票将会转化为真实的工厂定制，满足了用户的“求关注”心理。

敲黑板

心理学家马斯洛说过：“人有受到他人尊重的需要。”这里的“尊重”，最根本的含义就是关注。

赏实例

某知名主播在直播间介绍自家工厂生产的羽绒服系列时，先来一拨投票，把决定权交到用户手中：“这款红色和黑色拼接的外套，你们想要长款还是短款？现在来投票好不好？哪款票数多我们工厂就做哪款。”直播间画面的左上角立刻就会出现“发起投票”的互动活动，出现两个选项“长款”和“短款”。在这个投票互动的环节，让用户有了绝佳的参与体验——“我的衣服我做主”。

4. 答疑种草，以理服人

在直播销售过程中，很多用户并不是一开始就对主播推销的商品感兴趣的，有的用户还会在弹幕上直接表达自己的想法，觉得正在推销的商品款式不好看、不好用、不喜欢。有些主播遇到这样的情况，下意识的做法就是否认用户的意见，试图强行说服，但越是这样就越容易导致用户产生不信任感。

敲黑板

美国著名成功学专家杰弗里·P. 戴维森曾经说过：“在通常情况下，当客户说过 7 次‘不’之后，交易就会成功了。”

如果用户提的是商品客观存在的问题，那么主播和商品方应该实事求是、虚心接受用户的意见，并当场表明非常重视用户提出的意见，同时明确解答用户疑问，并后续跟进改进情况。同时邀请用户看看其他商品，争取把用户变成其他商品的潜在消费者。

当然，也会出现很多纯粹主观“挑刺”的用户。比如，“能把价格打这么低，该不会卖的是次品吧”“别的地方不会卖这么贵啊”。遇到这种尝试突破价格底线的用户，有时也可以用稍微强硬的措辞。

小知识

有主播曾经就这类问题作出回应：“买东西的人永远觉得卖的东西贵，这是永远改变不了的事实。您要是觉得贵，那就再去别家看看有没有更适合您的，我们直播间保证质量的同时，价格已经是最低的了。”这样既可以维护自己商品的形象，又能够筛除那些只求低价的用户群，终止无意义的价格辩论，节省直播时间。

5. 危机应对，以真服人

“直播翻车”对主播而言是件很正常的事情，因为每个人都会出错。即使是某些知名主播，也曾经在直播中有过失误。有些人可能会立刻辩解，或者迅速把错误推到别人身上。这样只会让用户觉得主播很没有担当，不值得信赖。所以，当无可避免地发生了失误，应该怎么办?

首先，要迅速站出来。很多公关危机事件都是当事人犯错后，没有第一时间站出来向公众解释清楚，导致越拖舆情越糟糕。

其次，态度要诚挚。面对错误，越真诚越容易得到别人的原谅和好感，不要有半分的虚假、捏造，要相信公众的眼睛是雪亮的。一旦再次失去诚挚，将会在公众心中留下不好的印象。

最后，要主动承担责任。不要逃避自己的责任，而是将真相告诉对方，并且从中吸取教训，这样才能够得到别人的原谅，渡过危机。

考考你

某直播平台著名带货主播被指售卖假货，事情愈演愈烈。如果让你给该主播团队提建议，你会怎样处理应对这次危机呢？谈谈你的看法。

6. 感谢下播，走心关怀

对于消费者而言，他们最担心的是自己掉进主播的“坑”中，也就是一时冲动买了自己不需要的东西，后悔了又不能退；又或者是受到直播诱惑，买完东西后发现有质量问题，但是主播不管，找不到人解决。

所以主播在下播感谢前可以给用户吃“定心丸”，比如强调“退差价”“安排退货”“联系专属客服”“尽快补寄”“进行补发”等关键词。把商品良好的售后服务展现给用户，才能拥有直播间的忠实粉丝，而不是把商品卖出去就不管了。

任务实施

1. 了解新手主播需要具备的聊天技巧

直播间的主播如果有专业的知识，就很容易说服用户。前期也可以将其做成文档或者提词板，直播时可以适当引入。平时多积累知识，直播时用得着，再搭配一些热门话题，可以减少生硬感。主播可以聊自己生活中的一些趣事，拉近与用户的心理距离。主播介绍商品的时候，尽量多谈谈自己的亲身感受和使用效果，这样更有说服力。

（1）根据以上内容，总结一下新手主播在平时应该着重锻炼自己哪些方面的聊天技巧。

____

____

（2）你觉得除了以上提到的技巧，主播还需要具备什么聊天技巧和素质？

____

____

2. 分析直播通用话术

在淘宝直播平台观看近期某一场电商直播，分析这场直播中主播运用的通用话术。

（1）请列举通用话术的类别。

____

（2）请写出你观看的直播平台和品牌产品名称。

____

（3）本场直播运用了什么通用话术？请详细举例说明。

____

（4）说出这场直播通用话术使用的优缺点。

____

3. 实践通用话术

小琳正在准备给一款护肤品做一场直播通用话术的练习。根据表 4－1 中通用话术的类型和解释，帮助小琳写出可能在直播中运用的句子。

表 4－1　通用话术练习

开场欢迎	解释	自我介绍、礼貌欢迎、引导留言、点名互动、展示促销、开播抽奖
	举例	自我介绍： 礼貌欢迎： 引导留言： 点名互动： 展示促销： 开播抽奖：
暖场互动	解释	发问式、选择式、节奏式
	举例	发问式： 选择式： 节奏式：
宣传引导	解释	宣传直播时间、宣传直播内容、引导关注直播
	举例	宣传直播时间： 宣传直播内容： 引导关注直播：
答疑种草	解释	商品相关问题、质疑不理会
	举例	商品相关问题： 质疑不理会：

续表

危机应对	解释	主播客观错误、观众主观恶意
	举例	主播客观错误： 遇到恶意言论：
感谢下播	解释	下播前的感谢互动
	举例	

任务二 销售话术

情景导入

小琳在掌握了通用话术后，开始关注直播的重头戏——商品的销售环节。商品的销售成功与否，离不开销售话术的灵活使用。而对于没有直播销售经验的小琳来说，应该从哪里着手掌握销售话术呢？让我们一起走进销售话术的世界。

任务目标

1. 掌握直播销售话术的流程。
2. 了解直播销售话术的使用技巧。

知识储备

掌握了通用话术，并不意味着直播的成功和销量的转化。直播间的观众往往是没有耐心的，一旦无法在短时间内引起他们的兴趣，他们就极有可能直接退出直播间，不再回来了。如果不懂得直播变现的销售话术技巧，只是一味地描述自家商品有多好，自然无人问津、无人购买。所以，掌握销售话术对直播的成败起着至关重要的作用。

一、销售话术的流程

与通用话术不同，销售话术是一个整体，不可分割。要掌握销售话术，前提是把销售话术当成一个流畅紧密的过程。这个过程环环相扣，缺一不可。熟练掌握销售话术，可以让新手主播用几句话抓住用户的心思，唤起需求；用几句话快速打消用户的消费顾虑，引起兴趣；用几句话让用户失去“理性”，抢着下单。销售话术的流程如图4-7所示。

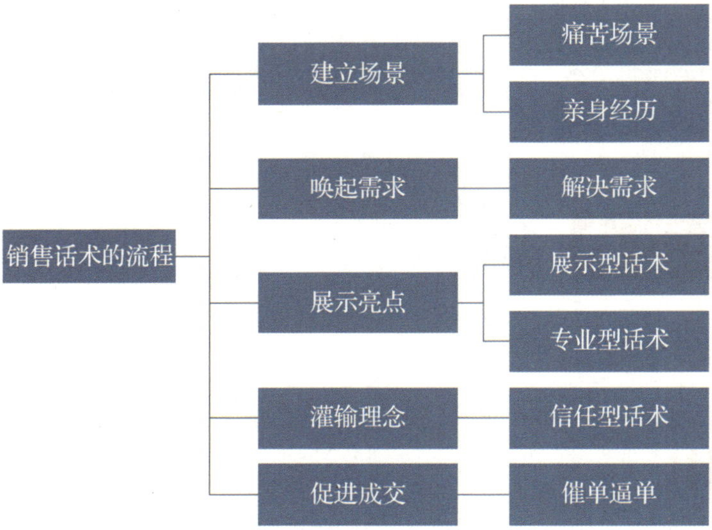

图4-7 销售话术的流程

1. 建立场景

在商品的销售开始之前，消费者对商品没有任何了解。凭借销售开头的三言两语就引起消费者的关注和兴趣，是一个主播必须要掌握的话术技能。建立场景是销售话术流程的第一步。所谓场景，就是指需求产生的某种条件，这个条件包括，但不限于环境、时间、地点、空间等，只有条件满足，这个需求才能成立。所以，为了需求的唤起，第一步的场景搭建就尤为重要。

（1）痛苦场景。

主播擅长使用痛苦场景，针对商品的特点和受众分析，描绘出一幅让消费者困扰的场景。

1）“一遇到热水脸就泛红，一用大牌养肤性特别强的精华面霜皮肤就红肿的女生在不在？爱长痘痘的女生在不在？长了痘痘有粉色痘印的女生和脸部红血丝很严重的女生在不在？”

2）“有没有感受过夏天没有空调、闷热异常、汗流浃背、身上又没有可以扇风道具的时候？”

这两个例子都是使用痛苦场景，利用疑问句把消费者可能面临的令人困扰的问题提出来，达到共情的目的，引起消费者继续倾听下去的兴趣。

小知识

建立场景一般有两种方法：一种是建立痛苦场景，另一种是建立理想场景。主播一般比较偏向使用痛苦场景，更容易引起消费者共情。而对理想场景的使用则更谨慎，场景的描绘要更加贴近事实，否则容易造成让消费者觉得异想天开的后果。

（2）亲身经历。

描绘完痛苦场景，在引起消费者的兴趣之后，再描绘自己的亲身经历，用细节增加说服力。

1）“我每天都要敷一张 ×× 面膜，我现在没有 ×× 面膜真的不行。你知道吗？前两天我试一个大牌的精华，试完之后整个脸都红了。我立马洗掉精华，敷了一张 ×× 的面膜，就舒缓多了！”

2）“我妈妈是有湿疹的，用在痒或脱皮的地方，能解决皮肤干痒，真的能让皮肤很舒服。”

3）“我爸最近也在主动用这套护肤品，因为他看到我妈妈越来越年轻，皮肤越来越好，他说他也要用。”

上面的三个例子都是用自己或者身边人的亲身经历来达到增加商品说服力的效果。

2. 唤起需求

在建立场景，充分调动起消费者的兴趣之后，主播立刻进入第二环节——唤起需求。唤起需求可以帮助观众总结出他们的需求，并且告诉他们这个需求不难实现。主播化身为观众贴心的朋友，为消费者提出解决方法。这时候主播话语要肯定，语气要急切。

（1）话语肯定。

“我给你推荐这个自用款的修护精华液，你只要肌肤不舒服，用这一瓶就可以稳住你肌肤。”

（2）语气急切。

“美眉们，如果你有肌肤问题的话，就去买它！最近他们家所有东西都卖光了，卖到爆单！”

3. 展示亮点

在建立场景、唤起需求之后，主播进入第三环节——展示亮点。这时候消费者的购买动力被激发，但是对商品还一知半解，需要再证实商品的使用效果。有效地展示商品的亮点，考验的是主播的演示能力。在这里我们重点说明话术部分。

（1）展示型话术。

展示型话术是指主播在进行直播带货时，把带货商品的每个细节都用直播动态化地展示出来，并辅以生动形象的描述说明，让消费者直观、全方位地了解商品。主播在进行直播带货时，展示商品的质量和使用感受，能够让用户最直观地看到效果。商品展现得好，用户下单的概率也会更高。例如，某主播在进行口红试色时，对每一只口红的颜色都进行细致描述："给人很温柔、很春天、很新鲜的感觉的颜色！"这样的话术，让人听着就心动。某主播对茶叶进行详细介绍，运用了不少展示型话术："这款茶是绿茶当中有花香，花香当中有绿茶，香气四溢""这款茶叶用水泡开之后像一朵绽放的花，特别美丽"等。

类似的展示型话术还有很多：

1）"心动的感觉，人间水蜜桃就是你。"

2）"阳光打到皮肤上，折射出非常漂亮的光泽感。"

3）"我从来没有感受过这么薄的唇釉，薄到没朋友。"

4）"下过小雨的森林里的味道。"

5）"和别的口香糖不一样，口渴的时候吃这个就非常好，口水都要把你淹没！"

考考你

如果让你用展示型话术对一款商品（例如酸枣）进行展示，你会怎么表达？

（2）专业型话术。

专业型话术是指在推荐商品时，能够从专业的角度出发，针对一个商品以及同类其他商品做讲解，并指导用户根据自己的情况选择商品。比如服装类带货直播，主播可以通过对某件服装的专业搭配，以及服装质量的专业讲解来吸引用户下单购买。像是"现在的女孩子都喜欢穿一些百搭颜色的外套，藏青色外套就非常百搭，任何服饰都可以搭配，这款版型非常好""很多肤色偏黑或偏黄的人就觉得这种藏青色会显得皮肤非常暗沉，其实可以用一些亮色的饰品来搭配，比如亮色的丝巾，大家看一下，这样搭配是不是肤色提亮了很多呢？"这些都是专业型话术的运用。

4. 灌输理念

在建立场景，唤起需求，展示亮点之后，主播进入第四环节——灌输理念。这时候消费者已经跃跃欲试，主播采取信用担保，采用信任型话术，彻底打消消费者的疑虑。直播带货的缺点就是用户接触不到商品，只能通过主播的描述来熟悉商品。因此，主播需要让用户对商品建立一定的信任感，促成用户下单。

通常，主播会用"自用款""我也买了 ××"来为商品做担保，又或者"××我只推荐这一个品牌，其他品牌给我再多钱也不推"这一类话术来衬托商品，打消用户对商品的顾虑。

5. 促进成交

在建立场景，唤起需求，展示亮点，灌输理念之后，主播进入最后一个环节——促进成交。消费者已经在迫切寻找购买的入口，这时候一般采用赠品、限时限量、价格对比、倒数等行为来营造紧张感，刺激消费者的下单行为。例如，“这个原价很贵，280 元一支，我们直播间 158 元，买一支送一支。来，所有女生！ 3、2、1！ 3 万支说没货就没货，赶快抢啊！还有 7 000 支、5 000 支、3 000 支、1 000 支、300 支，没了，卖空了，只能等蹒人了。”

总结销售话术的流程，如表 4-2 所示。

表 4-2 销售话术的流程

建立场景	解释	如果没有 ××，就会 ××/你是否有过 ×× 场景？创造购买动机
	举例	“女生们，你们是否有使用大牌精华后全脸过敏出现红血丝的可怕经历？”
唤起需求	解释	你碰到的这些问题，今晚直播间轻松为你解决
	举例	“这个是大家都可以用的温和型修复肌肤的，可以解决肌肤的敏感、干燥、脱皮等脆弱问题。”
展示亮点	解释	从商品成分、权威认证、销量排行、用户好评等角度对亮点进行展示
	举例	“这款商品无香精、无酒精、无色素，孕妇和宝宝都可以放心使用。”
灌输理念	解释	增强用户对商品的信念感和信任感
	举例	“美眉们，护肤品不要省！这款也是我的自用款。”
促进成交	解释	采用赠品、限时限量、价格对比、倒数等行为来营造紧张感
	举例	“12 点前可以半价，原价是 700 元，名额还剩 100 名。还有最后三分钟，还没购买的姐妹们要快哦！”

二、销售话术的使用技巧

如果仅仅掌握了销售话术，而忽略了销售需要具备的心理学知识与其他使用技巧，那么这场直播销售成功的概率也不高。销售话术的使用技巧有以下五种，如图 4-8 所示。

1. 善用文案金句

（1）营造向往场景。

前文所述的建立场景，往往是在销售开始时给消费者建立痛苦场景，刺激消费者的购买欲望。而在销售过程中，有经验的主播也经常利用话术给消费者营造美好的场景，描绘场景中的细节，使得消费者心生向往，激发消费者对商品产生美好的情绪。

1）“当你想要惊艳全场的时候，就涂 307 号色出门。”

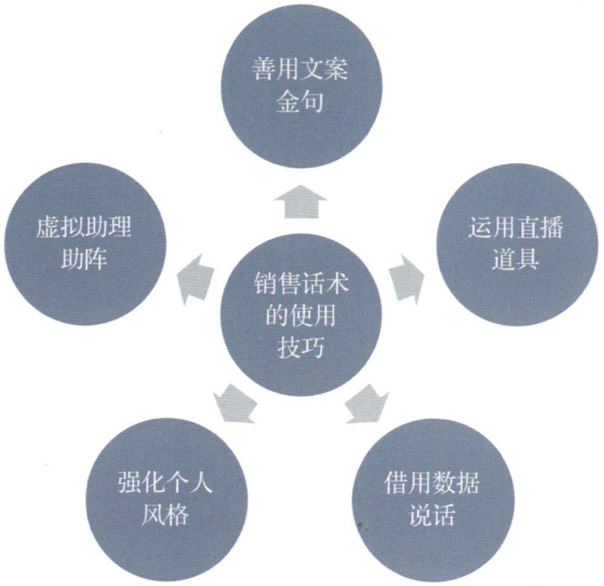

图 4-8　销售话术的使用技巧

这句文案巧妙地抓住了女性想要涂口红、让自己变美的心理动机。“当你想要惊艳全场”，让人感觉这款口红很霸气，能“镇住场子”，适合在重要的场合使用。

2)“当它接触到你的嘴巴时，就变成了水。”

这句文案的修辞手法，让人自然而然地联想到了使用这款产品时的体验感。对使用场景的具体描述，巧妙地提醒消费者在什么场景下使用它，从而创造购买的理由。

(2) 巧用参照对比。

主播想要解释一个陌生的概念，就需要用大家都熟悉的事物来描述，方便消费者理解与记忆，让消费者产生关联，理解主播想要表达的内容。

1)“这是神仙姐姐都爱涂的口红色号。”

2)“只掉一点点颜色，跟油漆有一拼。”

3)“咬下去有种橡皮糖的感觉。”

2. 运用直播道具

如果直播销售仅仅使用语言来表达，未免单调、效果打折扣。善于利用直播道具来呈现商品功能或者详细说明优惠力度，对直播的变现有着举足轻重的作用。直播道具可以是手机、平板电脑、白板、电子大屏、手绘卡片等。销售话术配合道具，能帮助消费者做购买决策，为消费者成功下单扫除障碍。如图 4-9 所示，某美妆品直播间主播运用平板电脑，对观众进行下单的引导和互动。如

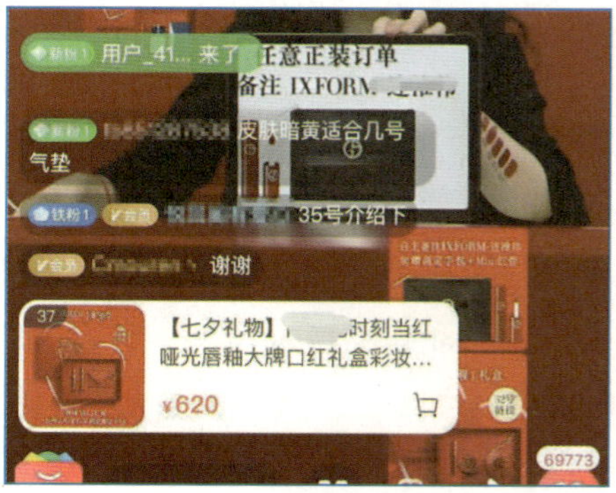

图 4-9　品牌直播间使用平板展示

图 4－10 所示，某食品品牌的直播间采用电子屏进行商品的广告循环播放。

图 4－10　品牌直播间使用电子屏展示

赏实例

很多主播和助理通常都会用直播道具来辅助呈现。

谈到直播间折扣力度大时，助理会用手机或 iPad 展示线下专柜的价格，或用手机计算器来计算直播间折扣价，让观众直观感受到优惠力度大，刺激观众下单购买。

谈到商品功能很强时，仅用语言描述可能比较晦涩难懂，助理会找到官方图片，辅助呈现。

谈到购买流程时，助理通常会用手机演示领券的流程，或者提醒下单时需要备注名字。

总结一下，主播在直播时可以借助平板电脑、笔记本、卡片纸板、手机等道具进行呈现。

3. 借用数据说话

很多主播喜欢用数据来说明直播间的优惠力度。因为数据传递信息简单直接，而且具象准确，且冲击力更强，给人感觉可信度高。数据给人“靠谱”的感觉，如果在数据的基础上运用话术，就能进一步影响用户的决策。

有时候主播给出直播间的优惠力度时，用户可能还没算清楚以最低的价格究竟买了多少东西，又便宜了多少钱，某主播是这么说的：“等于花 1 件东西的钱买了 9 件商品回家。”于是直播间画面上立刻就打出“一次带走 9 件”的字样，或者：“只要 60 块钱，足足买够全家洗浴 1 ～ 2 个月的量，而且还有洗手液、旅游套装等，更是方便外出旅游。”通过这样简单直接的数据冲击，既为消费者省去了计算的麻烦，又体现出主播为消费者精打细算的贴心。

赏实例

某主播在卖某品牌洗衣凝珠的直播中，在送赠品的时候是这样说的：“这个洗衣凝珠在市面上卖 79.9 元 2 盒，在我们直播间 79.9 元 2 盒，再送 2 盒，但是我推荐你买 2

份，也就是 4 盒，买 2 份我们再送 2 盒，一共 10 盒……”这段话连续不断地运用优惠策略，配合直接呈现数据，把福利推到消费者面前。这就是数据的魅力。

4. 强化个人风格

现在已经涌现出千千万万的主播进行直播带货，想让消费者一下子把你辨识出来并且长时间记住你，就需要在销售话术中进行经典话语的不断强化。这种简短话术既加深了消费者的印象，又强化了下单的行动。央视主持人朱广权擅长制造金句，在介绍洗碗机时，金句不断的他表示“吃饭吃到开胃，洗碗洗到心碎”。这些都是通过话语来强化个人风格，达到让消费者印象深刻的目的。

考考你

你可以结合个人风格特点，为自己量身定制直播口头禅，让消费者记住你吗？

5. 虚拟助理助阵

选择合适的直播时间段，主播可以以饱满的精神状态面对观众进行讲解。如果必须在休息时间进行直播，可以让直播虚拟助理用提前准备好的商品介绍和话术对商品进行介绍。如图 4 - 11 所示，某品牌直播间，即使在没有主播的情况下，依然由虚拟助理对商品进行详细介绍，观众也可以通过虚拟助理的介绍获得大部分关于商品的信息。

图 4 - 11　直播间虚拟助理展示

任务实施

1. 分析经典销售话术案例

有没有现在睡觉开电热毯、开空调，身上特别干痒，一直在抓身体的人？有没有？很多地方湿气很重，小宝宝有湿疹，有红屁股、红脸蛋或手上有红色痒痒的东西，有没有？我妈妈是有湿疹的。这款 ×× 用在痒或脱皮的地方，能解决你的皮肤干痒，让你的皮肤很舒服。美眉们，如果你有肌肤问题的话，你们去买它！

最近我们确实帮 ×× 大火了一把，所有东西都卖光了。但是，这个产品是我还没推荐的时候，他们家就卖爆的。×× 的东西不需要推荐就卖得非常好。

刚才有粉丝说："你知道吗？我用了这个把我的湿疹都治好了，真的，它对湿疹有很大帮助。"

这个是真的，你们去试试看。这个商品唯一一个缺点，也不能算缺点，就是味道不是香香的。它里面用到 5 种植物油脂，没有什么味道，就是无添加，孕妈妈大胆放心使用，宝宝也可以使用，大家可以放心。

所有女生，原价 138 元一瓶，直播间 108 元 2 瓶给你们做秒杀，买一瓶送一瓶同款身体乳给你们。上次直播间 10 万瓶上架秒空，今天只有 4.7 万瓶。3、2、1，上链接，所有女生，来咯，马上抢！全部加上来吧，最后 7 000 瓶、2 000 瓶……没了。

（1）阅读以上某主播给某商品做的一场直播的销售环节，你能说出这里有哪些销售话术吗？请举例说明。

____

____

（2）在最后一段中，主播用了什么方式来促成下单？你能做出哪些改进吗？

____

____

2. 分析销售话术使用技巧

运用学过的销售话术使用技巧，为上题的销售话术脚本添加以下技巧：

（1）请为上述脚本分别添加"营造向往场景"和"巧用参照对比"话术。

____

____

（2）如果采用"数据说话"话术，你觉得应该出现在脚本的哪个地方？你会怎么表达？

____

____

（3）上述直播场景需要使用直播道具吗？说说你的想法。

____

____

3. 实践销售话术

请你为一款护肤品做销售话术的准备和练习，完成表 4－3。

表 4－3　护肤品销售话术流程

建立场景	解释	“如果没有 ××，就会 ××。”“你是否有过 ×× 的情况?”创造购买动机
	举例	
唤起需求	解释	你碰到的这些问题，今晚直播间将轻松为你解决
	举例	
展示亮点	解释	从商品成分、权威认证、销量排行、用户好评等角度对商品亮点进行展示
	举例	
灌输理念	解释	增强用户对商品的信念感和信任感
	举例	
促进成交	解释	采用赠品、限时限量、价格对比、倒数等行为来营造紧张感
	举例	

思政园地

虽然直播行业如火如荼，人人皆可成为直播主播，但是并不代表主播就能够口无禁忌。各大直播平台对主播的违规话术和违禁词语都有明确的规定。一旦出现违规违法的信息，必将受到国家法律的严厉制裁。

一、淘宝直播规定的违规信息

（1）通过微信账号，支付宝账号（含二维码和手机号）等引导线下交易话术与信息；

（2）直播中含有反党反政府的言论、侮辱诋毁党和国家的行为；

（3）出现宣传邪教，破坏国家统一等政治敏感信息；

（4）直播中含有色情低俗、涉暴涉毒信息；

（5）直播中含有违反公序良俗类信息；

（6）直播中出现低俗辱骂、歧视等言论；

（7）直播中包含恶意广告宣传、恶意广告发布等信息；

（8）直播中含有其他违规信息。

二、其他平台直播规定的违禁词

（1）与“最”有关的违禁词。

最、最佳、最具、最爱、最赚、最优、最优秀、最好、最大、最大程度、最高、最高级、最高档、最奢侈、最低、最低级、最低价、最便宜、最时尚、最流行、最受欢迎、最符合、最舒适、最先、最先进、最科学、最先进加工工艺、最先享受、最后、最后一拨、最新、最新科技、最新科学等。

（2）与“一”有关的违禁词。

第一、中国第一、全网第一、销量第一、排名第一、唯一、第一品牌、NO.1、TOP1、独一无二、全国第一、一流、仅此一次（一款）等。

（3）与“级/极”有关的违禁词。

国家级（相关单位颁发的除外）、全球级、宇宙级、世界级、顶级（顶尖/尖端）、顶级工艺、顶级享受、极品、极佳（绝佳/绝对）、终极、极致等。

（4）与“首/独/国”有关的违禁词。

首个、首选、全国首发、首款、独家、独家配方、全国销量冠军、国家（国家免检）、国家领导人、填补国内空白等。

（5）与品牌有关的违禁词。

王牌、领袖品牌、世界领先、领导者、缔造者、创领品牌、领先上市、至尊、巅峰、领袖、之王、王者、冠军等。

（6）与虚假宣传有关的违禁词。

史无前例、前无古人、永久、万能、祖传、特效、无敌、纯天然、100%。

（7）与欺诈有关的违禁词。

点击领奖、恭喜获奖、全民免单、点击有惊喜、点击获取、领取奖品、抢爆、不会更便宜了、万人疯抢、全民疯抢/抢购、卖/抢疯了等。

（8）与时间有关的违禁词。

限时须有具体时限，所有团购须标明具体活动日期，严禁使用随时结束、仅此一次、随时涨价、马上降价、最后一波等无法确定时限的词语。

（9）与迷信有关的违禁词。

带来好运气、增强第六感、化解小人、增加事业运、招财进宝、提升运气、有助事业、护身、平衡正负能量、调和气压、逢凶化吉、时来运转、万事亨通、旺人、旺财、助吉避凶、招福等。

三、化妆品虚假宣传用语

特效、高效、全效、强效、速效、速白、一洗白、××天见效、××周期见效、超强、激活、全方位、全面、安全、无毒、溶脂、吸脂、燃烧脂肪、瘦身、瘦脸、瘦腿、减肥、延年益寿、提高（保护）记忆力、提高肌肤抗刺激、消除、清除、化解死细胞、去（祛）除皱纹、平皱、修复断裂弹性（力）纤维、止脱、采用新型着色机理永不褪色、迅速修复受紫外线伤害的肌肤、更新肌肤、破坏黑色素细胞、阻断（阻碍）黑色素的形成、改善（促进）睡眠、舒眠等。

综合练习

一、判断题

1. 自我介绍和礼貌欢迎是所有主播开场必备的话术。（　　）

2. 当直播出现尴尬或者冷场时，有经验的主播就会找准谈话切入点，转移话题以缓解气氛。(　　)

3. 在销售话术的“灌输理念”环节，主播一般采用专业型话术。(　　)

4. 信任型话术是指主播在进行直播带货时，把带货商品的每个细节都用直播动态化地展示出来，并辅以生动形象的描述说明，让消费者直观、全方位地了解带货商品。(　　)

二、单选题

1. 下列不属于通用话术的是（　　）。

A. 开场欢迎　　B. 感谢下播　　C. 建立场景　　D. 暖场互动

2. 下列运用消费者“求关注”心理的话术是（　　）。

A. 这款口红大家以前用过吗？

B. 喜欢主播可以多多关注我们的直播间。

C. 感谢所有进入直播间的朋友们，谢谢你们的关注、点赞哦，今天很开心。

D. 这款撞色裙子，你们想要长款还是短款？现在来投票好不好？哪款得票多我们就生产哪款。

3. 下列不属于主播应该耐心解答的问题是（　　）。

A. 商品相关问题　　B. 恶意攻击

C. 质疑不理会　　D. 售后问题

三、多选题

1. 展示亮点环节常采用的话术是（　　）。

A. 信任型话术　　B. 展示型话术　　C. 专业型话术　　D. 都不是

2. “12 点前可以半价，原价是 700 元，名额还剩 100 名。还有最后 3 分钟，还没购买的姐妹们要快哦！”这里采用了以下哪些话术？(　　)

A. 限时　　B. 限量　　C. 价格对比　　D. 赠品

四、案例分析

直播突发情况如何应对？

秦阳作为秋叶 PPT 的新一代领军人物，首次在京东直播。秋叶团队为准备本次直播，特地采购了高配置的设备，重新拉了宽带，以确保直播效果。从直播设备的置办中能感受到团队对直播非常重视。

此外，秦阳本身就是资深的 PPT 企业内训师，开展线下培训和线上直播不下 500 场，经验相当丰富，秋叶团队所有成员都觉得本次直播万无一失。不料，在直播正式开始后，留言区清一色全部是“为什么没有声音？”面对质疑，秦阳反应很快，赶紧抓起“今晚半价”“一本也包邮”的道具板晃了起来，让画面动起来；同时助理反应也很快，赶紧用两张白纸写了“在调整”“不着急”，递给秦阳亮出（见图 4－12）。

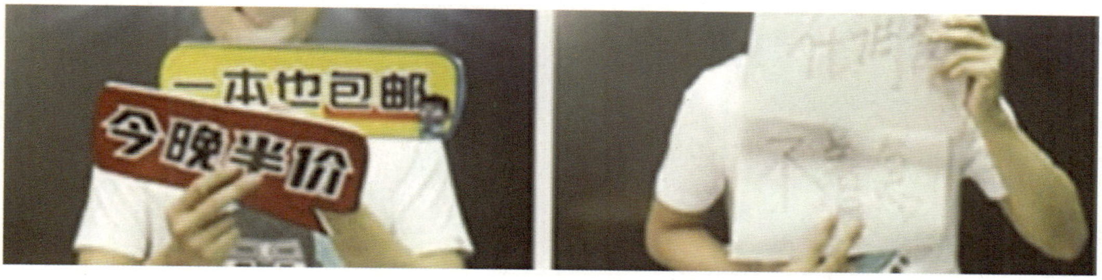

图 4－12　直播间突发状况处理

然而，声音问题迟迟没有处理好，团队创始人秋叶赶紧冲上去和秦阳配合演了一出哑剧，表示很生气，直播搞砸了要打人，这一举措看乐了观众。此外，秋叶还在电子屏上写字，以吸引观众的注意力。

在只有画面没有声音的情况下，只能在视觉和画面上想办法吸引观众注意，让他们继续留在直播间。

阅读案例，回答以下问题：

1. 秦阳和秋叶面对直播间突发情况是怎么处理的？请你总结出几种应对直播没有声音的处理方案。

2. 如果出现直播间突然黑屏，没有画面，只有声音，你会怎么应对这种突发情况呢？

实战篇

项目五　单品脚本写作策划

项目六　整场脚本写作策划

项目五

单品脚本写作策划

项目目标

知识目标

1. 了解单品脚本的定义。
2. 掌握单品脚本写作的内容。
3. 掌握不同品类商品的脚本要点。

能力目标

1. 能应用“万能销售介绍法则”FABE介绍商品。
2. 能应用不同品类商品写作技巧撰写单品脚本。

思政目标

1. 了解电商、广告等行业的法律法规，能运用到直播商品单品脚本的实际撰写中，能在直播中遵守网络直播营销行为规范。

2. 具备严谨细致的工作态度，具有创新意识；能够在直播商品单品脚本撰写过程中坚守职业道德，传播正能量。

3. 在直播商品单品脚本撰写过程中践行社会主义核心价值观。

项目导读

直播的便利性让商家能轻轻松松做直播，但是想要从千篇一律的直播中脱颖而出，还需要做好功课，譬如前期需要写好直播脚本。

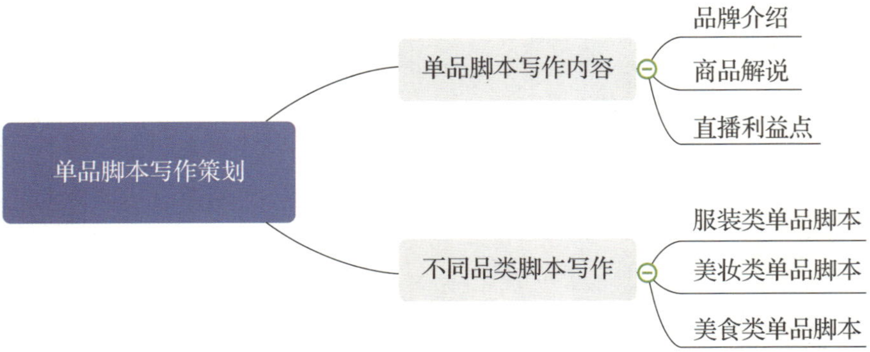

项目引例

佰草集把宫廷剧搬进了抖音直播间，网友直呼：场景化直播的天花板！

2021 年 10 月 27 日，一个全新的账号“佰草集延禧宫正传”（下文简称“延禧宫”）进入直播间，短短 20 天就成为一个拥有 20 万粉丝的账号，直播达到 5.9 万的在线峰值。

进入“延禧宫”直播间，仿佛不是看卖货，而是在看一场大型古装剧：嘻妃、龙嬷嬷、金锁、皇太后、小银子，几个人把宫斗剧演绎得淋漓尽致，如图 5－1 所示。

图 5－1　“延禧宫”直播间截图

这个新号的出现，给不少直播运营团队提供了新思路，也向我们展示了什么是直播带货的“场景天花板”。

无论是用户还是品牌方，在大家的常规认知中，品牌的直播带货应该中规中矩，而

"延禧宫"在抖音上找到了属于自己的直播语言：新国货＋古装剧。知名护肤品国货和全网热门的宫廷古装剧的结合毫无违和感。最主要的是，进入直播间的用户，瞬间就被吸引住了，和其他品牌的直播间完全不同。

在"延禧宫"，话术使用很到位，让用户仿佛置身于古代宫廷集市一般。在商品介绍时，主播不是直接拿起商品就说它的原料、功效，而是构建宫廷中的皇后、娘娘们用这些商品的场景，让用户身临其境。对于评论区用户提问，主播会根据用户的昵称、头像判断后，用"回主子""回官人"等话术。再如引导粉丝关注、加入粉丝团、评论时，不是称呼"宝宝""家人""老铁"，而是"公主""娘娘""主子""格格"等。

"延禧宫"的成功，不仅在于主播的颜值高、专业性强、风趣，更在于整个团队的密切配合。

本来主播的打扮已经足够吸引用户了，而辅播还配了一个嬷嬷的角色，延禧宫的场景布置、人物形象完全复刻了宫廷设计，其服化道的精良程度可以和电视剧相媲美，就更容易吸引用户的眼球。

这样的形式不仅为品牌直播间注入了更多看点，弥补了标品直播间趣味性不足的问题，也在无形中延长了用户的停留时间，增加了和用户之间互动的机会，为直播间撬动更多的自然流量。

直播间除了介绍商品功能外，还插入了嘻妃和其他人设鲜明的配角之间"相爱相杀"的故事情节，进一步增强了直播间的趣味性和娱乐性。

每款商品上架的时候，场控团队的场外音特别有趣，就像恭迎皇后娘娘出场一样，特别能烘托气氛，也能引起用户的注意。主播询问商品库存、上架、优惠的时候，助理会异口同声地说"回娘娘的话，商品已经卖完了，库存不多了，优惠没有了，主子们太给力了"等。所以大家在看"延禧宫"的时候，没有任何购物压迫感，反而是快乐的。

"延禧宫"背后的直播团队对整个项目的设计是体系化的，而不是仅仅局限于某一个创意点而已。

案例分析

"延禧宫"的成功离不开以下四个因素：

1. 新国货＋古装剧巧妙结合。佰草集是知名护肤品国货，《延禧攻略》是全网热门的宫廷古装剧，把两者进行结合毫无违和感，而且能瞬间吸引住进入直播间的用户。

2. 代入感超强的互动话术使用到位。在商品介绍时，主播会介绍宫廷中的皇后、娘娘们会用这些商品，列举她们使用的诸多场景。在引导粉丝关注、加入粉丝团、评论时，用"公主""娘娘""主子""格格"之类的称呼，代入感超强。

3. 直播团队的生动配合。"延禧宫"的成功，不仅在于主播的颜值高、专业性强、风趣，更在于整个团队的密切配合。

任务一 单品脚本写作内容

情景导入

小琳最近想尝试直播卖货，平常看直播带货感觉很简单，可真正开一场直播，发现太难了！比如主播对着镜头语无伦次，逻辑混乱，介绍商品时东一句西一句，干巴巴地讲商品，调动不起直播间氛围；不知道怎样留住粉丝，不会推销，不知道如何提升直播间成交转化率等。在直播的过程中，可能会出现各种各样的问题，需要以脚本的方式设置预案。

任务目标

1. 了解单品脚本的定义。
2. 掌握单品脚本写作的内容。
3. 能应用“万能销售介绍法则”FABE 介绍商品。

知识储备

在直播过程中，很多主播都有过这样的困惑：为什么卖不动？拿到东西都不知道怎样向粉丝介绍，讲了半天没人感兴趣，是怎么回事？直播了一小时，连一个下单的都没有。这些问题，究其本质是大部分商家忽略了重要的变现要点，如表 5－1 所示。

表 5－1　变现要点及存在问题

变现要点	存在问题
用户需求	不懂得如何将商品与用户建立起联系，让用户觉得自己需要。
用户兴趣	不懂得如何介绍商品亮点，以打消用户对商品的疑虑，激发消费兴趣。
用户欲望	不懂得用户的消费心理，不会用销售策略刺激用户马上下单。

在直播中，消费者好比是在逛商场，没有特别明确的需求，谁能一句话直击消费者内心，谁就有机会变现。一场成功的直播，很大一部分原因来自主播的内容输出，内容有特色，就容易吸引人。那么该如何打造一场成功的直播呢？

直播脚本是关键。一场好的直播离不开一个设计严谨的脚本。直播脚本可以最大限度地帮助主播把控直播节奏，规范直播流程，达到预期的目标，实现直播效益最大化。

直播脚本是指使用特定的描述性语言、针对特定的某一场直播编写的规划方案，以保证直播有序且高效进行，并能达到预期的目标。遵循直播脚本进行直播能有效避免不必要的意外发生，例如场控意外、长时间冷场等。一份详细的直播脚本甚至在主播话术上都有技术性的提示，能够保证主播语言上的吸引力，以及对直播间与粉丝互动的把控能力。

直播脚本分单品脚本和整场脚本。单品脚本就是针对单个商品的脚本，即以单个商品为对象，包含品牌介绍、商品解说、直播利益点等内容的脚本。在一场直播中，主播会向用户推荐多款商品，主播必须对每款商品的特点和营销手段有清晰的了解，才能更好地将商品的亮点和优惠活动传达给用户，刺激用户的购买欲。因此，为了帮助主播明确商品卖点，熟知每款商品的福利，直播运营团队最好为直播中的每款商品都准备一份对应的直播脚本。

直播运营团队可以将单品脚本设计成表格形式，将品牌介绍、商品解说、直播利益点、直播时的注意事项等内容都呈现在表格中，这样既便于主播全方位地了解直播商品，也能有效地避免在人员对接过程中产生疑惑或不清楚的地方。表 5－2 为某品牌一款电热锅的单品脚本。

表 5－2　某品牌一款电热锅的单品脚本

项目	商品宣传点	具体内容
品牌介绍	品牌理念	×× 品牌以向用户提供精致、创新、健康的小家电为己任，该品牌主张以愉悦、创意、真实的生活体验丰富人生，选择 ×× 品牌不只是选择一个商品，更是选择一种生活方式。
商品解说	用途多样	具有煮、涮、煎、烙、炒等多种烹饪功能。
	具有设计感	1. 分体式设计，既可以当锅用，也可以当碗用； 2. 容量适当，一次可以烹饪一个人一顿饭的食物； 3. 锅体有不粘涂层，清洗简单。
直播利益点	“双 11”特惠提前享受	今天在直播间内购买此款电热锅享受与“双 11”活动相同的价格，下单时备注主播名称即可。
直播时的注意事项		1. 在直播进行时，直播间界面显示“关注店铺”卡片； 2. 引导用户分享直播间、点赞等； 3. 引导用户加入粉丝群。

一、品牌介绍

在直播中，对于知名品牌主播可以不用长篇大论介绍，大部分消费者都了解，但对于品牌知名度低的商品，主播就需要对品牌故事进行阐述。比如，品牌创始之艰辛，商品设计之匠心，品牌推广之用心，也可加入品牌的核心价值观、名人效应、行业排名等。

主播适当地把一些品牌的故事亮点整理并且口述出来，跟主播完全不介绍品牌、只一味地介绍商品成分和功效，给消费者的感觉是不一样的。消费者购物时会先入为主，品牌知名度和美誉度高的商品，会比知名度低的更能吸引消费者。多讲品牌故事，让品牌故事不断地出现在消费者脑海中，加深印象，再向消费者介绍商品成分、功效等，会显得更有底气，消费者也会觉得有保障，买得也更放心。

考考你

你熟悉哪些知名品牌？请找出它们的品牌介绍。

二、商品解说

不同品类的商品特性不同，因此，主播需要有针对性地讲解。商品介绍一般从 4 个维度入手准备，如表 5－3 所示。

表 5－3　商品介绍四维度

维度	核心问题
价格	日常价是多少？促销价是多少？立省多少钱？相当于几折？
亮点	商品有哪些值得一说的亮点？是否有功能需配合现场示范？
场景	商品在哪些场景能用上？除了自己以外身边还有谁能用？
理由	为什么要推荐这款商品？自己或身边的人使用的体验如何？

商品是主播与消费者的共同聚焦点。从引导关注、主播介绍，到最终下单，是一个完整的直播销售转化过程。这个过程包含必不可少的“商品解说两步骤”，如图 5－2 所示。

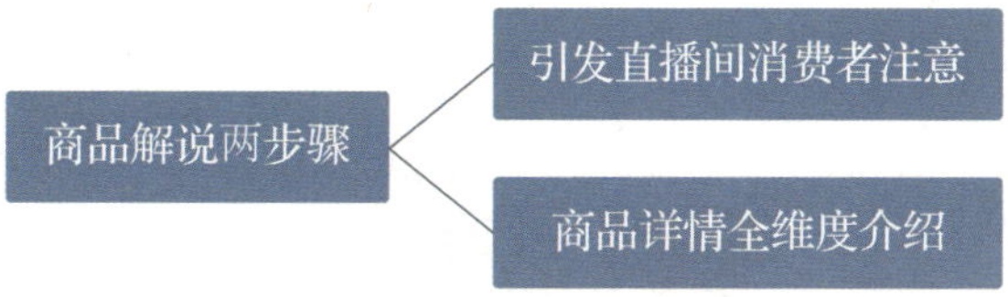

图 5－2　商品解说两步骤

1. 引发直播间消费者注意

很多消费者购物时很理性，在下单前会思考，有没有必要买这个商品。

主播在介绍商品前，首先要将直播间的消费者聚焦到主播和即将上架的商品身上，优秀的主播通常会通过两种方式去吸引消费者注意，如图 5 - 3 所示。

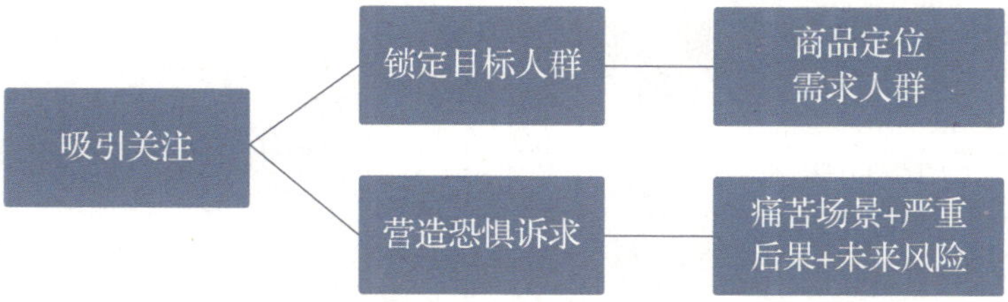

图 5 - 3　吸引关注的两种方式

（1）锁定目标人群。

直播时，当一款商品即将上架时，往往都会听到主播激情澎湃的一段话："直播间的宝宝们，冬季需要补水的女生们（人群）听好了，接下来上架的保湿补水面膜（商品）就非常适合你们哦！"简单一句话，直接锁定皮肤缺水人群。

（2）营造恐惧诉求。

这种方式需要先设置痛苦场景，比如销售防脱洗发液："直播间的宝宝们注意了，是不是有很多粉丝出现过洗头时一抓掉一把头发的困扰（情况），不知道如何是好？如果有这种情况的粉丝，可以在弹幕中扣 1。要知道这种情况严重的话会出现'M 字头'或者'地中海'(情况)，那么接下来这款防脱洗发液（商品），可以解决你们的烦恼！"

主播经常通过提出问题和放大问题来引起消费者的注意，提出问题的关键在于巧妙地营造贴近现实的消费场景来引起消费者共鸣。

赏实例

1. 主播提出问题："今天又是个暴晒天啊，就羡慕那些皮肤晒不黑的人，我的皮肤就是一晒就变黑，所以虽然很喜欢夏天，但是夏天的暴晒却让我非常痛苦。"

解析：夏天很重要的一点就是防晒。介绍防晒衣、防晒霜等前期都要铺垫在太阳底下的感受，提出困扰，注意要贴近现实，不要太夸张。从一句简单的抱怨开始，聊天式地提出问题，并让这种"问题"成为活跃直播间气氛的话题。使用场景的描述给人以身临其境的感觉，等于是给消费者一个买单的理由，让他们原本没有需求也被激发出需求来。

2. 主播放大问题："经常使用午睡枕的宝宝们，是不是中午趴着睡觉，天气热的时候还是不舒服，而这款小电风扇就能够解决了，可以买一个放在办公室的桌子上，这样趴着午休的时候吹着不容易出汗，也睡得舒服。"

解析：假设消费者在直播间中看到某位主播正在介绍小电风扇，完全没有想购买的欲望，消费者在想家里都有空调了，还买这个小电风扇有什么用。这个时候主播描绘的场景就在消费者脑海中浮现出来了，这款小电风扇方便实惠，下单顺理成章。像这种使用场景的描述可以是多个，因为小电风扇所面向的消费人群也不只是单一人群，除了办公室白领，也很适合学生一族。

除了给消费者描述出使用场景，还可以阐述自己的使用场景以及使用感受。

赏实例

主播分享经验："这款小包，主播平时会放钥匙和手机，以及少量的现金，一包全部搞定，出门再也不会忘带东西。如果你们经常出差的话，也建议用这款包来进行收纳，它放在背包里面也不会占用很大空间。"

这种分享"过来人"经验的使用场景描述，真实感更强，也更有说服力。

2. 商品详情全维度介绍

当成功引起直播间消费者的注意力后，接下来就是商品的讲解环节。

考考你

1. 如果让你写商品详情全维度介绍，你会写哪些内容？
2. 你认为商品详情全维度介绍哪些内容会增强消费者的购买决心？

直播脚本撰写前要提前收集商品的属性、优势、好处、证据，可遵循"万能销售介绍法则"FABE。FABE 是通过四个关键环节，极为巧妙地解答消费者关心的问题，从而顺利地实现商品的销售，如图 5－4 所示。

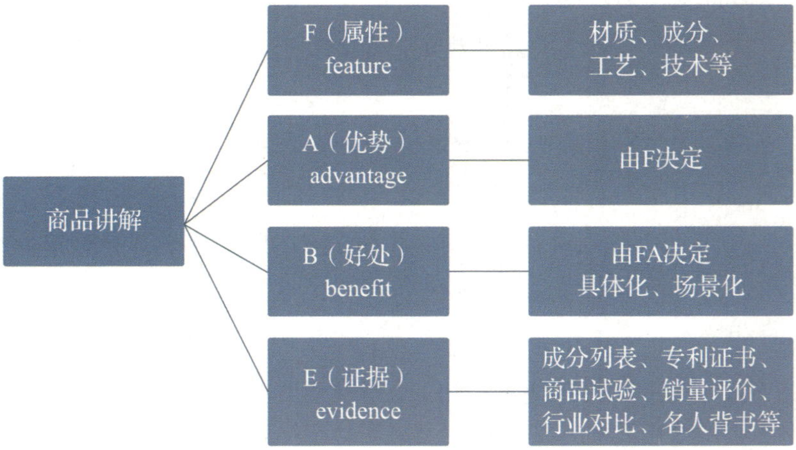

图 5－4 "万能销售介绍法则"FABE

赏实例

使用 FABE 介绍破壁机

F（属性）：从破壁机的技术特点开始引入，让观众对商品在第一时间留下标签印象。

主播："今天给大家带来的 ×× 品牌破壁机，具有 4 大先进技术：声源降噪、3 步完成自动清洁、8 大菜单及 0.3 ～ 1L 的自由选择容量。"

A（优势）：如果只介绍技术特点就太单调了，还需要通过技术特点引出商品卖点。

主播："这款商品的优点是超级静音、解放双手、自动清洁、满足多种家庭的料理需求。"

B（好处）：用具体化的场景，凸显商品特点，使观众产生共鸣。

主播："就拿我举例子，记得小时候用的老式豆浆机声音异常大，所以每天早上叫醒我的不是闹钟，而是家里的豆浆机。如果今天直播间粉丝有早上喝豆浆的习惯，又嫌外面卖的不健康，可以看看这款破壁机。"

E（证据）：通过举证的方式，证明之前阐述的商品特点及优势。

主播："接下来，我给大家现场演示做一杯新鲜的豆浆。"

商品介绍时最重要的是根据 FA 来提炼 B，也就是提炼商品的卖点，卖点提炼可参考表 5－4。

商品有多个卖点的情况下要提炼一个核心卖点，其他卖点作为辅助。比如主播卖一款面膜，介绍面膜既能美白又能补水，还能消除皱纹，提炼的核心卖点是美白。主播要对核心卖点进行详细解说："我们的面膜美白功能很强大，强大的背后是因为有黑科技 ×× 美白因子，这些美白因子能够渗透表层肌肤，清理掉皮肤毛孔的垃圾……"主播用一个核心卖点，融入商品的基本信息，介绍成分背后所采用的技术，对功效进行详细描述。

敲黑板

卖点是消费者购买商品的理由，卖点过多等于没有卖点，在不能一一将所有卖点展示出来的情况下，要抓重点介绍，打造核心卖点。

三、直播利益点

单品直播脚本还需要设计直播利益点，包括限时折扣、前 ×× 名下单送等价礼品、现金返还、随机免单、抽奖免单等促销活动，让用户热情达到高潮，催促用户尽快下单。主播要加强优惠宣导力度，制造直播间价格稀缺性。比如强调限时限量，"限时 10 分钟""限量 100 件""限时限量秒杀"等。用坚定的语言让用户感受到商品的稀缺，促进交易的达成。

表 5-4　商品卖点提炼

角色互换 提出痛点	1. 痛点问题提炼	什么人群购买你的商品？他们购买时最担心什么？（焦虑案例）	上网购物的人最担心出现……问题	还担心什么？	多举例、多思考（产生共鸣）	
	2. 商品痛点放大	放大以上痛点会产生的结果	如果出现……问题，将会产生什么样的后果、损失？	出现担心的问题以后会怎么样？	让观众觉得你说的和他们想的一样，有认同感，拉近距离	
推出商品 解决痛点	1. 商品的特点	商品设计	商品工艺	商品功能	商品材质	商品售后等
	2. 商品的优势	一定是相对于同行的优势	与同行做对比	凸显自己的优势	同商品的特点一一对应	
	3. 商品的利益点	结合上述特点和优势	自己商品的价值	一一对应描述出来	购买后价值要增值	物超所值
	4. 商品展示方法	整体展示	细节展示	实际操作演示	包装、配件	生产车间、环境
	5. 权威	生产资质	检测检验证书	获得了哪些认证	市场反馈效果	不要说空话，要拿出凭证
	6. 从众	有哪些人、哪些单位已经购买？	电商平台卖得很好	引导观众下单	原价 ××× 元，厂家直播间特惠	
催单转化 提高销量	1. 性价比说辞	现在下单会有抽奖活动、限量礼品、成为店铺 VIP 会员、第二件折扣、× 年质保等，网店页面直接下单 ××× 元，直播间下单 ××× 元，让顾客觉得现在下单超值				
	2. 稀缺说辞（限时限量）	直播间咨询、下单，营造抢购氛围，转发直播间可抽奖得福利				

与此同时，主播还要不断提醒消费者关注主播才能享受福利价，引导消费者关注并且立刻下单。设计粉丝专享，让粉丝感觉到这是专属优惠，比如其他电商平台仅优惠5～10元，在主播的直播间能优惠20元等。

赏实例

某品牌眉笔单品脚本

1. 开场环节

（1）单款循环时间建议10～15分钟，正常循环场次建议3～4轮。

（2）开卖价：89元。直播价：29.9元买一送一。

（3）销售亮点：三种用法一支搞定；上妆更快、更容易；史无前例回馈价。

（4）配套动作：敲敲手机屏幕。

"宝宝们，我直播间里的宝宝们，你们都注意了！今天我们的重头戏来咯！首先我来做一项调查，听说过彩妆一线品牌×××的宝宝，来，在直播间扣1！我再换一种问法，对于这个牌子，不管你是男生还是女生，是阿姨还是大叔，是不是都听说过？家喻户晓的彩妆品牌，是不是？"

（5）利用品牌影响力造势："我告诉你们，你们今天进入我的直播间，绝对是赚到了！看着我的眼睛，宝宝们，我和你们说，进来的你们真的是赚到了！"

（6）配套动作："我告诉你们"——边说边拍手，"看着我的眼睛"——指着自己的眼睛。

2. 商品展示环节

（1）配套动作：用"点、线、面"三种用法画在手臂上，让粉丝感受线条和粗细的不同。

"三种用法，这一支眉笔全都搞定了，上妆是不是更快、更容易？这还不是最重要的，宝宝们，你们知道最重要的是什么吗？是它防水、防汗、防脱妆的效果真的好到了极致，我给你们现场演示一下。"

（2）道具准备：拿出装好水的喷壶。

"宝宝们，我话不多说，直接往这些线条上喷水。你们来看一下，这款眉笔的防水、防汗、防脱妆效果到底有多好。如果你担心夏天热啊、汗多啊、脱妆啊，这些完完全全都不是问题！"

（3）配套动作：喷壶喷在手臂上。

"我知道我的前置摄像头自带美颜，也带滤镜，我为了让你们能看得更清楚一点儿，我现在切换为后置摄像头。你们自己来看一看，刚才经历了我这样'暴风雨的洗礼'，我再揉揉、再擦擦，你们看一下，我们刚才用这支眉笔画的线条是不是还在我的胳膊上？"

3. 促单销售环节

（1）配套动作：走到展柜旁边，给大家看一下原件标签。

（2）注意：凸显实体店价格、商品优势。

“今天呢，一开始我也跟大家说了，你们进到我的直播间里一定是赚到了。我说我要给大家送福利，我一定说到做到。原价 89 元的眉笔，实体店里一分不便宜的，今天我给大家打个 5 折，45 元卖给你们，要不要？要的给我打个‘要’！”（为 29.9 元销售做铺垫）

“宝宝们！你们先别着急，这么好的眉笔，店里卖 89 元，可以眉笔、眉粉二合一，一支笔能打造出三种眉毛妆效，防水、防汗、防脱妆，今天直播间里不要 89 元，也不要 45 元，今天搞活动，回馈这么多年来新老顾客的支持和帮助，直播间里 29.9 元抢！对，你没听错，这么好的眉笔，只卖 29.9 元！而且，还送你一个替换芯，相当于 29.9 元买了两支眉笔。”

任务实施

1. 了解直播单品脚本写作内容

通过观看收纳类商品的直播，了解主播介绍收纳类商品的直播脚本写作内容，记录 3 个收纳类商品的相关直播脚本信息，完成表 5－5。

表 5－5　收纳类商品直播脚本信息分析

序号	商品名称	品牌介绍	商品解说	直播利益点
1				
2				
3				

2. 分析直播单品脚本写作技巧

从以上直播脚本信息表中选择一个最能吸引你下单的收纳类商品，分析该单品脚本介绍采用了哪些技巧，有什么作用。

____

____

____

____

3. 收集脚本，学会归纳

通过本任务对单品脚本写作内容的学习，查找相关资料，收集优秀的单品脚本，建立素材库。

任务二 ▶ 不同品类脚本写作

情景导入

小琳最近查找撰写单品脚本资料，打算整理归纳不同品类脚本的写作技巧，可是发现网上的资料杂乱，没有进行系统的归纳。小琳很是苦恼，不知道不同品类的脚本应该怎么写。于是，小琳向上司请教学习，再自己进行归纳总结。

任务目标

1. 掌握不同品类脚本的写作要点。
2. 能应用不同品类商品呈现方式与销售技巧。
3. 能为不同品类商品进行脚本写作。

知识储备

直播营销的终极目的是销售商品，直播文案工作者要在脚本中设计好商品的介绍，帮助主播展示商品的完整形象。在设计商品介绍时，要遵循两个原则：一是商品描述要准确，如商品功能、材质、规格等；二是对商品进行全方位的展示。

一、服装类单品脚本

1. 服装类单品脚本要点

近几年，服装直播在直播行业的市场占有率一直处于领先地位。2020 年上半年，服装服饰直播商品数达854.9万，占比37.6%，位居全行业直播带货商品数榜首，服装直播间火热（见图5－5）。

图5－5　直播卖衣服

服装款式多样，风格各异，适合不同的穿着场所、不同的穿着群体、不同的穿着方式，展现出不同的个性魅力。在拟写服装类商品介绍时，为了增加讲解的吸引力，脚本要点主要包括以下方面：

（1）服装的风格。

服装的风格与流行趋势相关，现阶段流行的服装风格包括：国风、学院、通勤、百搭、小清新、中性、嘻哈、田园、OL（上班族女性）、简约休闲、洛丽塔、瑞丽、淑女、波希米亚、运动、森女、名媛等。在撰写脚本时，要写清楚所推荐的服装属于哪种风格。

（2）服装的尺码与版型。

服装的尺码也是脚本上必须体现的，上衣需要写上腰围、胸围、袖长等，裤子、裙子需要写上腰围、臀围、长度等。

还要标明服装的版型。例如，宽松型服装包容性强，显得人比较瘦；修身型服装凸显身材，显得人比较精神；长款服装能够遮住臀部和大腿，修饰线条等。

（3）服装的颜色。

脚本撰写要写上服装的颜色，重点体现不同颜色所带来的不同感觉。例如，白色显得典雅，粉色显得可爱，黑色显得沉稳等。另外，还要标明这种颜色的服装具有哪些优势，例如，红色服装显得皮肤白，黑色服装显瘦等。

（4）服装的面料。

服装的面料有纯棉、聚酯纤维、皮革、羊毛等，脚本要标明服装的面料与该面料的优点。例如，纯棉面料透气、吸汗性强；聚酯纤维面料造型挺括、不易变形；皮革面料防风，而且显得高档；羊毛面料保暖效果好、柔软舒适。在脚本中介绍面料时，还要标明多用近景镜头向用户展示面料的纹理和质感等。

小知识

认识服装的面料

棉织物：棉纱线或棉与棉型化纤混纺纱线织成的织品。纯棉的面料透气性好，穿着舒适，但是折叠和洗涤后容易出现褶皱，拍摄前需要熨烫平整。

毛织物：用羊毛、兔毛、骆驼毛、毛型化纤作为主要原料制成的织品。市面上毛织的服装一般以羊毛、兔毛为主，弹性好、韧性好、保暖性强、不容易起褶，很多毛呢大衣就是采用这种面料。

麻织物：由麻纤维纺织而成的纯麻织物，或是麻与其他纤维混纺或交织的织物。其特点是材质坚韧、穿着凉爽、吸湿性好。

丝织物：由桑蚕丝、柞蚕丝、人造丝、合成纤维长丝作为主要原料的织品。其材质具有薄、轻、柔、滑、冰爽的特点。

纯化纤织物：由纯化学纤维纺织而成的面料。其可塑性强，可以按不同的工艺织成仿丝、仿棉、仿麻、弹力仿毛、中长仿毛等织物。

（5）服装的设计亮点。

脚本要撰写服装在款式、图案、工艺等方面的设计亮点，突出其独特性。例如，服装制作工艺的精致度和稀缺性；展示服装领口、袖口、下摆等位置的设计细节，如袖口带有纯手工刺绣印花等。

小知识

认识服装的细节

服装的细节也是商品的特点，可分为做工细节、版型细节、装饰细节。

做工细节：包括走线、内衬、接缝、锁边等。

版型细节：包括直筒型、修身型、宽松型、高腰型、斗篷型、披肩型等。

装饰细节：包括手绘、扎染、刺绣等图案装饰；镶嵌珍珠、亮片、铆钉、拉链等饰品装饰；做旧、水洗、磨白、流苏、镂空、拼接等装饰效果。

（6）服装的穿着场景或搭配。

展示服装的穿着场景或搭配方式是服装商品脚本撰写中非常重要的一个环节。“一衣多穿”是体现服装性价比的关键。在撰写服装搭配时，不能只简单地写可以与某款衣物搭配，要将整套的服装搭配展现在镜头前。为了达到更佳效果，还可以搭配鞋子、眼镜、帽子等配饰一起展示，也可以针对直播间内的某款主推服装做两套甚至更多不同风格的搭配，以满足用户休闲、上班、约会等不同场景的需求。

（7）服装报价，说明库存。

对于价格较高的服装类商品来说，可以在脚本中突出介绍高价服装给用户带来的非凡体验，以及商品的独特之处，如纯手工制作、面料质量好、由知名设计师设计等；而对于价格较低的服装类商品来说，主播可以突出介绍高性价比。主播在报价时要先报服装的原价，再报直播间的优惠价。通过制造价格对比来刺激用户产生购买欲望。

在说明库存时，可以强调库存的有限性，营造商品的稀缺感，刺激用户下单。

2. 服装类单品脚本写作技巧

服装类单品脚本写作技巧包括三个方面：现场试穿、卖点提炼、趣味实验。

（1）现场试穿。

试穿服装至少有三大作用：看效果、看搭配和看尺码。撰写服装类单品脚本时，必须标明现场试穿，主播必须具有丰富的穿搭经验，凭借对服装极高的敏锐度，乐此不疲地亲自现场试穿给消费者看上身效果，还可以让不同体型的助理和模特进行现场试穿，多方位给消费者做参考，如图 5－6 所示。

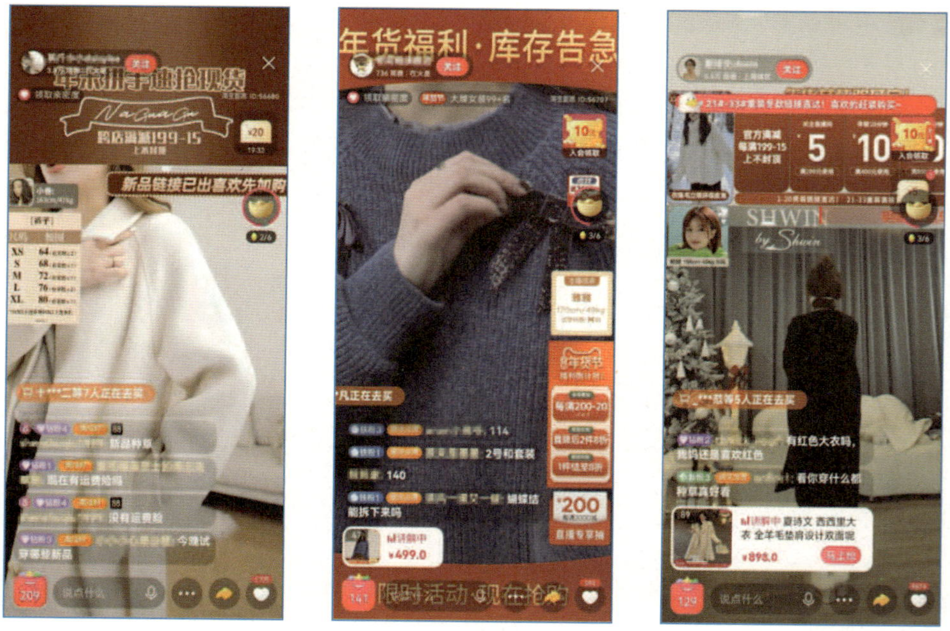

图 5－6　主播现场试穿服装

（2）卖点提炼。

撰写服装类单品脚本，除了要标明现场试穿外，还要传达衣服本身的卖点，促使观众下单。可以从衣服的面料、款式、工艺、版型四个维度来提炼卖点（见表 5－6），以专业性打动消费者。

表 5-6 提炼卖点四个维度

维度	示意	示例
面料	采用什么面料，衣服弹性如何，通透性如何	这件衣服是纯棉的，弹性特别好
款式	有哪些款式，有哪些尺码，适合哪类人穿	这件衣服男女同款，各种尺码都有
工艺	使用了哪些特殊的工艺，有哪些亮点、细节	衣服镶边的珠宝是手工绣上去的
版型	服装版型设计有何亮点，能不能显瘦、显高	这个衣服穿上特别显瘦

（3）趣味实验。

撰写服装类单品脚本还可以增加趣味实验。比如，为了证明商品使用的是纯棉，可选劣质棉和商品面料一起点燃，劣质棉燃烧时会冒黑烟，烧完留下的是黑色胶状物，纯棉燃烧时会冒白烟，烧完是灰。

通过实验让观众直观感受到商品优劣的差异，带来强大的视觉冲击，以打消观众对商品的疑虑。与此同时，实验往往轻松有趣，更能引发观众的好奇心，留住观众。

考考你

在做服装类的直播中，你还知道哪些呈现技巧和注意事项呢？

3. 服装类单品脚本示例

（1）毛衣脚本示例如表 5-7 所示。

表 5-7 毛衣脚本示例

流程	脚本
前期引入	各位宝宝，大家好！今天我们来聊一个大家都比较熟悉的话题："毛衣穿着中的各种烦恼"。毛衣是人手必备的服装之一，相信宝宝们都是人手几件或是更多的，各种打底、外穿，长的、短的……都是大家必备的。 那么各位宝宝，有没有在毛衣穿着过程中遇到烦恼呢？比如：掉毛、起球、变形、掉色、扎皮肤。又或是宝宝有没有觉得自己买回去的毛衣太过单调普通，没有特色，有的只能作打底而无法外穿，能外穿的又没法打底，有的甚至与自己年龄完全不符，有的又与自己的身材不符合……反正就是花了钱也没有买到适合自己并且真正实用的毛衣。 其实我也是一个"剁手党"，记得以前我逛街的时候，看到好看的，先买了再说，遇到个会说话的导购，更是没有刹车地买买买，然后衣服买了一大堆，最后真正适合自己的、实用的寥寥无几。 因为没有人会告诉你她的衣服是会起球、掉毛或是其实并不适合你穿的，更没有人会先检测过后才拿出来卖的。我之前买的毛衣，有些只穿一两次，腰间等常摩擦到的地方就已经起满了球球，常常弄到自己都不好意思穿着出去了；有些掉毛的还会把你里面穿的衣服或是裤子上也全沾上毛毛，真的让人感觉特别不舒服；更有些洗洗就会变形、掉色。这些真的都是很常见的一些穿着过程中的烦恼。 好不容易买到一件没有质量问题的吧，你穿着出去别人可能还会说你这衣服太过普通，没有特色，又或者说这不适合你的身材、年龄什么的。所以说宝宝们，要挑到一件适合自己、质量好的毛衣，真的是不容易呀！

续表

流程	脚本
商品展示	那么今天，我就是来给宝宝们解决这个烦恼的。我要给大家良心推荐一款我们亲身体验并测试成功的毛衣，这款毛衣我自己穿，我们员工也在穿，老板娘也在穿，我们检测了长达两个月的时间才确认生产销售的，就是我身上穿的这款毛衣啦！ 长达两个月的亲身穿着检测中，经过无数次的清洗，从未掉色、变形，无论怎么摩擦，找不到一个起球的地方，更未出现掉毛的现象。 因为我们这款毛衣选用了最好的毛纱，搭配各种不同的针织法拼接而成。大家可以看一下，我身上穿的这件，精选最柔软的毛纱，搭配五种以上不同的针织，非常柔软、有弹性、亲肤，直接贴身穿也是非常舒适的，无任何刺激感，我就是直接贴身穿的。而且我这件已经穿了近两个月的时间了，看上去是不是还是像新的一样呢？ 我们这款毛衣主色先用了粉色，在靓肤的同时也满足了我们宝宝们的少女心。在工艺上，我们除了采用不同的针织效果，更融入了特殊刺绣花边，大家看下红色部分，就是刺绣花边的部分，不同的工艺搭配显得更加独特与时尚，刺绣部分选用了大红色，和粉色接撞在一起，色彩上显得更加鲜明艳丽，这样的色彩搭配也就更能满足不同年龄的宝宝们，18 岁的宝宝们穿着彰显青春活动力，30 岁的宝宝们上身更显年轻时尚。 从款式设计上来看，衣服下围采用了一个小开衩的设计，整体采用了前长后短的立体设计，更融合了年轻人喜欢的休闲风，整个衣服宽松而不显臃肿，这就满足了不同体型的宝宝们，瘦的宝宝们穿着时尚休闲，丰满的宝宝们穿着也不显臃肿。不紧绷，更舒服，冷的时候我们可以直接搭配大衣、羽绒服……非常实用。
促进成交	看到好多宝宝已在问价格了，那么我们这款集万千宠爱于一身的毛衣，我们线下门店里直销是 599 元，而今天我们给大家的直播优惠价是 399 元，非常实惠。宝宝们不要急，客服小姐姐已经在给大家上链接了，需要购买的宝宝们现在直接回复数字 5 给我看看。 好了，链接已经上了，8 号宝贝链接，大家先别急着购买哟，我们今天还另外给大家申请了一个直播福利价，只要在直播间购买的宝宝们可以获得满 300 元减 100 元的直播大福利，简直实惠到底呀！毛衣就只需要 299 元了，赶紧啊，宝宝们！我们这一批只有 300 件，卖完就没有了，因为价格实在太低了，老板没利润。 看到有好多宝宝说没有拍到，那真是好遗憾，已经卖完了。宝宝们也别不开心啦，如果宝宝们真的喜欢这款商品的话，我去找老板申请，再去生产一批货出来，但是可能需要几天的时间。宝宝们要先关注我呀，免得错过了下次直播或我们其他更多新品宝贝，谢谢各位宝宝！

（2）打底裤脚本示例如表 5-8 所示。

表 5－8　打底裤脚本示例

流程	脚本
前期引入	常言道，“美不美，看大腿！”一个女人最大的魅力，就在她的一双笔直纤细的大长腿。某演员在一档节目中说过，她冬天都是要穿 3 条毛裤的，但是丝毫不影响人家的美腿，毕竟人家是练舞蹈出身，身材好！ 我们大多数的姑娘们没有人家的底子，所以天一冷就开始头疼，每天出门都在保暖和露腿之间挣扎着，穿少了冷，穿多了又显胖。为什么别人的腿看起来又细又长？悄悄告诉你们，因为人家穿了瘦腿打底裤。

续表

流程	脚本
商品展示	今天给大家介绍一款高腰加绒打底裤，不用再纠结穿不穿秋裤，一条打底裤，零下20℃也感觉不到冷，同时还能快速瘦腿、塑型，显瘦10斤不是梦！我很喜欢它的高腰收腹设计，可以包裹住腰上的赘肉，肚子看起来就像小了一圈一样，加上高腰加宽和提臀的设计简直就是显瘦力器啊！（给大家展示）
功能介绍	这款高腰加绒打底裤，是一款升级版的打底裤，兼具保暖、瘦腿的效果，同时还能有效提臀、收腰、塑型，从设计到选料和做工，都有严格的要求，一条打底裤，穿3年都不会坏。 科技火山绒，37℃长效恒温保暖。作为秋冬的时尚单品，打底裤的第一要素就是保暖性能，选用日本最新的科技保暖火山绒，内含硒、铝、钙等几十种矿物质，通过矿物质产生热量，能持续给人体提供37℃以上的温度。 选用火山绒除了具有强大的保温效果，还有就是其舒适度。打底裤内层的火山绒非常浓密，绒毛又细又滑，柔顺亲肤，紧贴在身上不仅舒适，还能保暖挡风。打底裤厚度也达到了3 800D，市场上的保暖性的打底裤，大多数还是1 200D，保暖效果一般，这款打底裤，即使是在零下20℃，也感觉不到寒冷。 我们测试过打底裤的保暖性，在室外温度零下16℃状态下，3个小时的热量流失仅为0.7℃，可以做到长效保暖，且平均温度可达到37℃。高密度精梳棉，耐穿不起球。外表采用的是精梳棉面料，柔软舒适，透气性也非常好，配合蜂窝式的面料针织结构，可以将吸收不了的湿气排出体外，避免裆部和肌肤表面闷湿。
促进成交	看到好多的宝宝已在问价格了，那么我们这款升级版的高腰加绒，兼具保暖、瘦腿、提臀、收腰、塑形的打底裤，多少钱呢？我们线下门店直销89元，而今天我们给大家的直播优惠是69元，对于点击关注加入粉丝团的宝宝们，还有一个大福利，那就是69元买一送一，到手两条，非常实惠。宝宝们不要急，客服小姐姐已经在给大家上链接了，需要购买的宝宝们现在直接回复666给我看看，我看多少个宝宝要。 好了，链接已经上了，12号宝贝链接，宝宝们速度要快，我们这一拨福利现货就只有1 000件，卖完就没有了。看到有好多宝宝说没有拍到，确实太遗憾，还有好多宝宝说想要，那我们给大家再上一拨200件的预售，但7天左右才能发货，宝宝如果不介意的话，也可以下单，到时按照下单顺序发货，大家抓紧时间抢起来！

二、美妆类单品脚本

1. 美妆类单品脚本要点

撰写美妆类单品脚本，要着重介绍商品的质地、价格、容量、使用方法、试用感受等。在展示效果、质地、颜色等时，主播可以先在手臂或脸上试用，直观地向用户展示商品的使用效果，如图 5－7 所示。

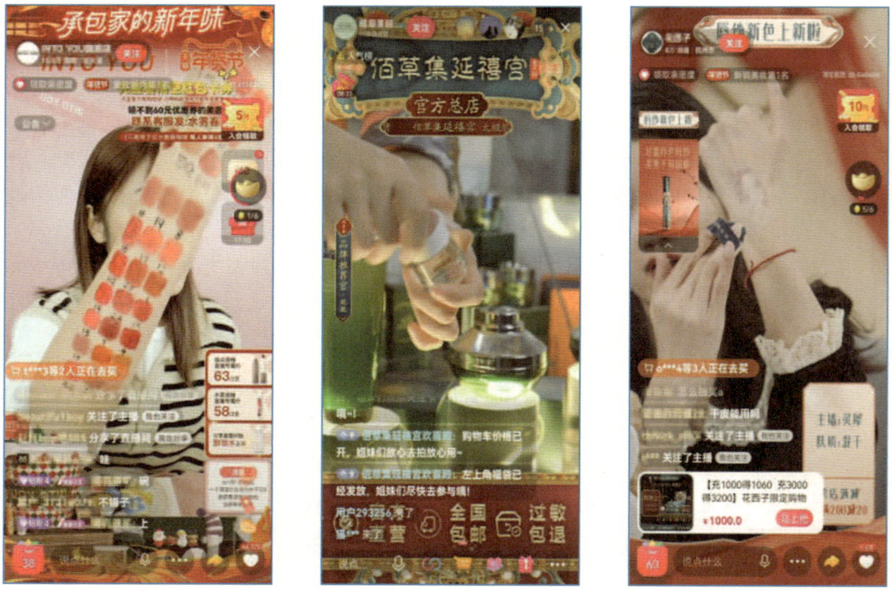

图 5-7　主播展示商品使用效果

常见美妆类商品的介绍要点如表 5-9 所示。

表 5-9　常见美妆类商品介绍要点

商品类型	介绍要点
底妆类	色号、适合的肤质、持久度、滋润度、遮瑕度等
唇妆类	色号、持久度、滋润度，是否容易沾杯，适合搭配何种腮红、眼妆等
修容类	质地（粉状还是膏状）、颜色（如偏红、偏灰）、是否飞粉、是否容易晕染开等，并向用户演示使用商品修容的方法，展示使用商品前后的对比效果
遮瑕类	适合的肤质、遮瑕度、滋润度等
眼线	颜色、持久度、防水性、使用寿命、使用起来是否顺滑等
眼影	质地、显色度、延展度、细腻度、持久性、是否飞粉等
眉笔	颜色、质地、持久度、防水性等
睫毛膏	持久度、刷头形状、功效（让睫毛显浓密、显卷翘等）、刷完是否会出现“苍蝇腿”等
化妆工具类	用途、材质、使用方法、使用感觉等，并向用户展示使用方法
卸妆类	质地（是否柔和）、卸妆效果（可以将彩妆涂在手臂上，现场卸妆）、适用的场合（例如，卸妆湿纸巾适合在外出乘车、乘飞机等场合使用）
洁面类	成分、适合的肤质、使用方法、起泡情况、清洁强度，适合早晨洁面使用还是晚间洁面使用，是否具备卸妆效果，洗完脸后是否有紧绷感等
面膜类	功效、成分、使用方法（尤其是比较新奇的面膜，要向用户演示其使用方法）、精华液含量等
美容工具类	功效、使用方法、使用效果、商品安全保证、商品质量认证等

2. 美妆类单品脚本写作技巧

常见的美妆类单品脚本写作技巧如表 5-10 所示。

表 5-10 美妆类单品脚本写作技巧

技巧	解析及示例	
还原场景	解析	场景包含环境与状态，直戳用户痛点或展示亮点，描述相应场景激发用户的情绪，引起用户关注。
	示例	“有没有脸一遇到热水就泛红，一用大牌精华面霜皮肤会红肿的女生？爱长痘痘的女生在不在？长了痘痘有粉色症印的女生跟脸部红血丝很严重的女生在不在？”
创造需求	解析	围绕商品的卖点、使用感受等进行描述，让用户通过各个感官体验感受商品的特色，从而让用户内心感觉“有需要、用得上、值得买”。
	示例	“我给你推荐这一自用款的精华液，你只要肌肤不舒服，这一瓶就可以稳住你的肌肤。”
凸显卖点	解析	从权威认证、数据证明、名人效应、现场体验等角度强调公司品牌及商品的功能性，打消消费者的顾虑。
	示例	“它贵，但是它真的好用，为什么？ ×× 是 ×××× 集团下面专门做芳疗的护肤品牌。这款精华就是帮你镇定修复加维稳，让你的皮肤不过敏，让你的肌肤舒缓下来。相信我！有经济条件的，买它！你把你的肌肤调整好状况之后，再去用大牌护肤品，才会吸收。调整不好，你用再多大牌都是不吸收的。这款精华是我用空无数瓶的精华！”
促单转化	解析	直播购物是需要冲动的，通过赠品、限时、限量，让用户冲动下单。
	示例	“今天给大家做的是限量包装，精华大瓶 50ml，还附赠亮灯化妆镜，还会送一瓶他们家最有名的橙花精露 4ml，还有 5ml 的舒缓面霜，然后直播间再加 5ml 的舒缓精华，再加两个 50ml 的洗面奶，这么多到手，只要 680 元，我只有 1 600 套。3、2、1，上链接，来咯！”

直播期间，直播间不断人进人出，每轮脚本设计要简短，争取在最短的时间内激发观众的需求与兴趣，再用优惠福利刺激购买。

3. 美妆类单品脚本示例

某品牌精华乳脚本示例如表 5-11 所示。

表 5-11 某品牌精华乳脚本示例

流程	脚本
前期引入	你知道吗？前两天我试一个大牌的精华，试完之后整个脸都红了。我立马去洗了精华，然后敷了一张 ×× 的面膜，就舒缓多了。×× 面膜真的是在直播间卖爆炸了。
功能介绍	×× 精华乳来了，美眉们，买它！一定要给我买它！它是 ×× 大学医学院附属医院与 ×× 医院共同研发的，线下 500 家医院和药店都有销售。 一定要用他们家的精华乳和面霜，专门解决肌肤的 5 大问题。你的肌肤敏感、刺痛、干痒、泛红、痘痘都可以使用，修复力很好，而且他们家的产品无酒精、无香精、无色素、无矿物油，真的很舒服。
促进成交	他们家卖很贵，280 元一支，我们直播间 158 元，买一支送一支。来，所有女生！3、2、1，上链接！3 万支，赶快抢啊！还有 7 000 支、5 000 支、1 000 支、300 支，没了，卖完了，只能等踢人了。

考考你

在上述美妆类单品脚本示例中，找出还原场景、创造需求、凸显卖点、促单转化的脚本内容。

三、美食类单品脚本

食品属于快速消耗品，目标群体众多，普遍客单价较低，复购率非常高。因此，食品也是各大直播间的“常客”（见图 5－8）。

图 5－8　主播直播卖美食

直播食品主要有三类，如表 5－12 所示。

表 5－12　直播食品品类划分

品类	特点	示例
即食类	开袋即食，食用方便，无须加工	饼干、鸭脖、海苔、蛋
非即食类	需要经过加工后食用，如煮、炒等	自热火锅、螺蛳粉、即热煲仔饭
饮品类	瓶装或罐装类饮品，可直接饮用	果汁、酸奶、碳酸饮料

1. 美食类单品脚本要点

在撰写美食类单品脚本时，要介绍食品的产地、主料、辅料、营养价值、味道、规格、价格、包装等，还要围绕商品的加工制作方法、储存方法、食用方法等方面去设计脚本。美食类单品脚本可以围绕以下四个方面展开：

（1）安全性。

美食类商品的安全性是指无毒、无害，符合营养要求。安全是食品消费的基本要求。在撰写脚本时可以围绕商品的原材料选取、清洗、切割、烹饪、制作、包装、储存运输等一系列流程来介绍食品的安全性；可以用数据、食品安全国家标准进行背书；或采用现场检测、实验的方式来赢得用户的信任。例如，食品选材绿色健康，添加剂无毒无害，制作工序精良，通过了一系列食品安全认证。

（2）口感风味。

不同地方都有其特色美食，人们的口味需求也存在差异。在撰写脚本时，要找准受众群体，投其所好，强调商品特色，以及与同类商品的差异，以赢得用户的好感。主播也可以从烹饪手法、秘制酱料或口味口感等方面来描述商品。

美食讲究美感，脚本一定要能表达出其美感，围绕食物的色、香、味、形进行描述，突出美食的优势，最好配上图片、视频或实物，这样对用户才更有诱惑力。

赏实例

在推销寿司时，主播这样介绍："寿司层次分明，外面是一层粉嫩的樱花粉，与洁白的米粒形成了鲜明的对比，中间还有鸡蛋丝、黄瓜条、蟹棒，把寿司摆成花瓣的样子，点上琥珀色的鱼子酱，光看它的样子就让人特别有食欲。"

在推销烤羊腿时，主播这样介绍："经过碳烤之后，羊腿外表金黄油亮，外皮焦黄发脆，内里绵软鲜嫩，真的是外焦里嫩。吃到嘴里既不会太硬也不会太软，恰到好处，口感特别棒，而且羊肉味清香扑鼻，不仅吃着好吃，而且看着也很有食欲，所以和家人、朋友一起吃烤羊腿，绝对是一种享受。"

主播要通过语言描述调动用户的视觉、味觉、嗅觉等感官，让用户产生隔着屏幕就能感受到食物美味的感觉。

（3）营养价值。

在撰写美食类单品脚本时，可以根据大众对此类商品的需求，强调商品在某一方面的营养，食用后对人体的好处等。例如，坚果类食品有丰富的营养，含蛋白质、维生素、微量元素和膳食纤维等，具有维持营养均衡、增强体质等功效。

（4）价格优势。

美食类商品日常消耗大，可代替性强，所以客单价低、性价比高的商品更容易成为爆款。在撰写美食类单品脚本时，要突出价格优势，如采用商品组合套餐、打折卡、优惠券等形式拉低价格。

2. 美食类单品脚本写作技巧

美食品类虽多，但是呈现的形式大多相近，只是前期所需准备的道具与工序略有不同。美食类单品脚本写作一般有以下技巧：

（1）“给镜头吃一口”。

“给镜头吃一口”，已经成了美食类直播必备的动作，如图 5－9 所示。

图 5－9　主播展示美食

在撰写美食类脚本时要标明食品打开后先凑到镜头前，“给镜头吃一口”，晃一晃、掰一块，表现食物的细节与质感，让观众隔着屏幕都忍不住流口水，从而产生强烈的购买欲望。

主播可以用各种方式调动观众的感官，让其忍不住下单。

1）视觉。味道是可以通过视觉传达的，在镜头前展示食物的细节，主播和助理现场配合试吃，能够极大地加强视觉冲击力。

2）听觉。主播咬、吸、嚼、吞等声音能进一步强化用户感知，配上主播试吃时的场景描述，能促使用户形成画面感。

3）触觉。例如酥脆的饼干、松软的蛋糕、弹弹的牛肉丸，在镜头前掰一掰，能展示其触感，强化用户感知。

（2）展示个性化吃法。

在撰写美食类单品脚本时，往往需标明搭配个性化的吃法或呈现方式，激发用户的购买欲望。比如，在介绍手擀面时，助理会提前精心烹饪好，加入荷包蛋和青菜；在介绍水果酸奶麦片时，助理会提前准备椰汁或酸奶，将麦片混合到一起，如图 5－10 所示；介绍饮料时，助理将饮料倒入透明的玻璃杯中，搭配青柠与冰块。

脚本中要注明食物要当场拆包，当场加工。例如烤冷面，经过铁板烤制，在里面加入鸡蛋、香肠、葱花等食材，卷好以后再切碎，加上酱料拌匀就可以食用了。要标明多用近景展示食物的全貌，详细描述食物的外观，试做、试吃后再描述食物的味道、口感等，既向用户传递食物的烹饪方法，又展示食物的美味。

图 5－10　展示个性化吃法

（3）销售卖点提炼。

美食能引发用户的欲望，但用户购买时会存在一些疑虑，所以撰写脚本时可从 5 个维度来提炼卖点（见表 5－13），并通过解答消除用户的疑虑，以促使用户下单。

表 5－13　食品销售卖点提炼

维度	示例
味道	有什么味道，甜还是咸，辣不辣
卫生	健不健康，卫不卫生，加工处理干不干净
安全	是否添加防腐剂，孕妇能不能吃，会不会发胖，会不会上火
日期	什么时候生产的，保质期有多长
物流	用什么方式运输，什么时候能收到，会不会坏掉

考考你

你能从表 5－14 的脚本中，总结出强化信任感的方法吗？

表 5－14　食品单品脚本

产品	脚本
黑豆茶	“你知道吗？这款茶全世界卖出了 20 亿杯，你们去高级的日料店喝到的茶都是用它泡出来的，可以反复泡，用大壶泡更好喝。如果喝厌了红茶、绿茶，可以尝尝这款茶。孕妇尽量不要喝。”
红豆薏米茶	“我为什么喜欢它？因为它很干净，独立包装，很方便，男女老少都能喝，很健康，夏天喝很好。但孕妇不能喝。”

续表

产品	脚本
火锅锅底	“好好吃，里面的粉我可以全部吃掉，不能吃辣不要买。厂家有 8 个加工基地，都是自己把关，东西非常丰富，品类是其他火锅的 2 倍，是餐饮里的百强企业。”
柠檬无骨鸡爪	“现做现发，开罐即食，柠檬味，有点辣，不喜欢吃辣不要买，保质期比较短，7～15 天，去骨的，适合当零食吃。”
小石头饼干	“很多人向我推荐：‘这个真的好好吃哦！’好吃不上火，小麦制品，很健康，微甜微咸，越嚼越香，在小石子上烤出来的零食，我用生命担保，很好吃。”

敲黑板

脚本可从四个方面强化信任感：知名品牌、产品销量、主播担保、用户口碑。

3. 美食类单品脚本示例

花茶脚本示例如表 5－15 所示。

表 5－15　花茶脚本示例

流程	脚本
前期引入	我最近皮肤因为湿热长了很多疹子，痒得不得了，擦了很多种药也没有好。你们试过吗？我们南方天气比较潮湿，如果经常吃油腻食品、熬夜，会导致体内湿气堆积，从而引发痘痘爆发，皮肤和头发越来越油，皮肤长湿疹，老年人还会关节疼痛。 后来我想到以前妈妈经常炖红豆薏米羹给我吃，吃两三次就好了，可是现在工作实在没有那么多时间去炖东西，每天晚上下班都很晚了，只想洗完澡快点睡觉，所以一直没有时间做。
产品展示	所以我们就研发了这款红豆薏米茶，既有祛湿功效，又方便快捷，只要你有个杯子，有壶热水，就可以轻松搞定。 （拿一个盘子放全部未加工的原材料）原材料有精心挑选的栀子、无硫陈皮，低温烘焙的赤小豆、红豆、薏米、芡实，经过多次试验配比而成。低温烘焙技术可以最大程度保留营养，又可以中和掉薏米的寒气。 （拿起一盒花茶）您可以看到，我们的花茶是非常高端大气上档次的，我们的外包装是由纯净的白色和高档的银灰色搭配而成，再加一条双面的质感非常好的香槟色丝带绑成蝴蝶结，送朋友、送客户、送家人都非常合适。我们打开外盒看一下，这里面是非常时尚的莫兰迪色的包装袋，拆开包装袋是一个三角茶包，茶包上有品牌的标志。我们所有包装都采用食品级材料，安全卫生，亲们可以放心享用。 （拿一个玻璃茶壶冲泡）大家可以看到，这款茶包入水汤色金黄，非常好看。（开盖，闻一下）小豆和薏米的香气扑鼻而来，让各位宝宝们在享受醇香口感的同时，把体内的湿气一扫而光。

续表

流程	脚本
功能介绍	（拿出所有证件及检测报告）这款花茶可不是小作坊随随便便做的，我们有自己的花茶工厂，有生产许可证。生产过程是严格按照国家食药监局的规定完成的。我们还有各种检验检测报告，所有指标都能达到国家标准。我的状态比较严重，而且我是个吃货，没办法忌口，牛肉和海鲜都是医生不建议吃的，可是我经常忍不住，连续喝了四五天吧，就好了。爱美的女生都知道，现在市面上有很多抗糖化口服液，抗糖可以减少痘痘的产生，可以抗衰老、防止肥胖。我们也是倡导低糖生活的，所以这款红豆薏米茶，不添加任何防腐剂，也没有冰糖、白糖，我们保留的是最纯真、最天然的味道。（喝一口）啊！香香的，健康又好喝！ 现在我们来做一个对比，看看我们家花茶和市面上我们随机购买的花茶有什么不同。（拿出一个称）大家可以看到我们一包花茶是10g，料非常足；而其他家的只有4～6g。我们家的用料足足多了一倍。 （一起冲水）大家可以看到我们家的花茶泡出来是金黄色的，颜色非常好看、自然，看着很有食欲，我们的茶包泡满水后整个是饱满的、沉甸甸的；而其他家的茶包，显而易见，大小只有我们的一半不到。 （分别喝）我们家的茶是醇香而自然的口感；我们来试一下其他家的，哇！好甜，我怕胖，不喝了。
促进成交	点击关注主播，有机会领取现金红包，我们直播间每10分钟发放20个现金红包。现在开始发放第一轮红包，金额有大有小，亲们注意领哦，手慢了可就没有了哦。 我们家这款花茶现在的活动价格是29.8元10包，而且还是包邮的，平均1包不到3元，我们根本是亏本的！我们只想让各位宝宝们尝一下我们的花茶，保证您尝过一次之后，不会后悔，还会种草回购的。 现在通过我们的直播间看直播的亲们，还可以点击左下角进入宝贝详情，找客服小姐姐要一个5元的优惠券，限量100张，送完即止！

任务实施

1. 提炼直播脚本内容

民以食为天，食以安为先。国家严防严管严控食品安全风险，保证人民吃得放心安心！为了让群众吃上放心年货，需要为群众挑选安心食品，公司准备策划一场“放心年货节”的美食专场活动。请你从品牌介绍、商品用途解说、直播利益点、直播注意事项等方面，为公司主打的一款坚果大礼盒提炼直播脚本内容，完成表5－16。

表5－16 坚果类商品脚本内容提炼

项目	具体内容
品牌介绍	
商品用途解说	

续表

项目	具体内容
直播利益点	
直播注意事项	

2. 小组合作制作直播脚本

坚果大礼盒是众多年货中备受青睐的年货佳品。请以小组为单位选择一款坚果大礼盒，制作一份直播脚本，完成表 5－17。

表 5－17　坚果大礼盒脚本

流程	脚本
前期引入	
商品展示	
功能介绍	
促进成交	

3. 单品直播脚本分享

各小组选派代表进行小组单品直播脚本分享，其他各组为展示的小组提建议。

____

____

____

____

思政园地

抖音电商入围全国消费帮扶助力乡村振兴典型案例

2021 年 12 月 2 日，国家发展和改革委员会在京召开“2021 年消费帮扶助力乡村振兴典型案例”视频推介会，交流消费帮扶经验做法，助力脱贫成果巩固、乡村全面振兴。中国互联网发展基金会联合抖音电商推出的“富域计划”入围“2021 年全国消费帮扶助力乡村振兴典型案例”。

据悉，抖音电商的“富域计划”，旨在挖掘全国各地的特色好物，通过电商的形式分享给全国消费者，助力地方经济发展和乡村振兴。2021 年 7 月，“富域计划”走进甘肃省民勤县，通过沙地直播、专场直播、名人带货等形式，助力民勤蜜瓜卖向全国。该平台在 7 月中下旬陆续推出了 24 场民勤蜜瓜专场直播，并邀请多位名人在其直播间带货，助销这款地理标志农产品，收获市场新增量。民勤县政府授予抖音电商“助力乡村振兴民勤蜜瓜推广平台”称号。

丰收节期间，抖音电商还上线了助农活动“富域丰收季”，吸引了 4 万多地方商家及新农人参与，推出上万场原产地直播。该活动共助力 20 多万款农副产品出村进城，助销各地农副产品 4 323 万单，农货销量同比增长 284.1%。

在“丰收节电商助力乡村发展”论坛上，农业农村部农村经济研究中心主任金文成表示，农产品电商的发展是全面推进乡村振兴以及数字乡村建设的重要内容。短视频和直播拉近了农民与市场的距离，让农村各类产品卖得更远、卖得更好。农村电商带动农民更加注重产品的品质和品牌，生产的产品更加符合市场需求。

针对部分地区农产品出山难、品质农特产缺乏稳定的销售渠道的问题，抖音电商和字节跳动合力推出了“山货上头条”助农专项，借助电商平台的优质渠道和技术，连接需要被关注的农特产地区和拥有潜在购物需求的消费群体，让地方特色农货走向大江南北。

2021 年 10 月 24 日，“山货上头条”落地吉林延边，助销当地百余款农货。截至 2021 年 11 月 3 日，延边助农线上专区直播间累计获赞 2.9 亿次，79 万单地方农特产通过抖音电商销往全国，其中包含延边辣白菜、延边大米等国家地理标志产品和烧烤串料、腌萝卜等当地特色食品。据统计，该平台共售出 8 万多单延边辣白菜，相当于消化了 12 万～13 万颗白菜；约 442 吨延边大米销往全国，近乎当地 761 亩水稻的产量。

“山货上头条”持续扶助地方新农人和农特产商家，各地涌现出了不少优质的乡村电商创作者，通过短视频和直播，让自己的家乡特产被更多消费者和市场看到。中年返乡创业的“湘野红姐”在家乡涟源下地务农，用镜头记录湖南的村镇和乡村美食，她曾带货新化剁椒藠头，单场抖音直播卖出 30 多万元，直接卖断了藠头厂的库存；“90 后”小伙“江田古道”通过短视频展现东北家庭日常生活，受到关注后帮着全村卖大米，成交量从每月 100 多单飙升至两三千单，一年销量接近全村五分之一；八旬老人“川味盐太婆”夫妇在抖音做地道川菜支持孙子辈电商创业，将四川的麻辣香肠、腊肉、萝卜干、蜂蜜等农货销售了几十万单，有效带动了当地农户生产。

抖音电商相关负责人表示，平台将继续通过“山货上头条”等助农项目，促进各地优质农货产销对接，在提供专项扶助的同时，加强对乡村电商人才的技能培训，帮助打造更多特色农产品品牌，从而助力乡村发展。

消费帮扶助力乡村振兴典型案例推介会议指出，2021 年，各地区、各部门累计直接采购和帮助销售脱贫地区产品超过 4 500 亿元，市场化帮销所占比重稳步提升，市场机制对脱贫地区产品和服务销售的带动作用进一步显现。

综合练习

一、单选题

1. 下列关于直播内容的描述正确的是（　　）。

A. 直播内容是一场直播活动中最主要的因素

B. 直播内容决定直播间的收入情况

C. 直播内容只能由主播创作出来

D. 直播内容具有观赏性

2. 直筒型、修身型、宽松型是服装的（　　）细节。

A. 做工　　B. 装饰

C. 版型　　D. 面料

3. 主播可以用各种方式调动观众的感官，例如视觉、听觉、（　　），让观众忍不住下单。

A. 触觉　　B. 嗅觉

C. 味觉　　D. 前庭觉

4. 质量可靠，有科技感、极简风格的商品，更容易让以下哪种用户做出购买决策？（　　）

A. 少年　　B. 老年

C. 男性　　D. 女性

二、多选题

1. 下列主播的做法中，能够实现赢得用户信任这一目标的有（　　）。

A. 权威背书　　B. 数据证明

C. 限时限量　　D. 现场体验

2. 食物类商品的讲解可以围绕（　　）展开。

A. 安全性　　B. 口感风味

C. 营养价值　　D. 稀缺性

3. 强化观众信任感的话术的特点有（　　）。

A. 商品销量　　B. 用户口碑

C. 知名品牌　　D. 用户担保

三、案例分析

直播带货，有规矩才有未来

2020年7月，中国商业联合会起草制定《视频直播购物运营和服务基本规范》和《网络购物诚信服务体系评价指南》两项标准，意味着首部全国性直播电商标准出台并施行。直播带货必须讲规矩，两项标准的出台有利于推动直播带货产业行稳致远。

时下，直播带货掀起了新型消费热潮。疫情防控期间，依赖线下客源的企业和商家受到较大冲击，线上线下商家开始将直播带货作为重要运营方式，各界人士纷纷走进直播间，推荐特色商品，新型消费热潮悄然升起。直播带货一改传统销售模式，借助录像设备和网络在主播和消费者之间架起了沟通的桥梁，加强了供销对接，刷新了消费体验，不但激活了市场活力，也成为助力产业发展的重要抓手。

商务部相关数据显示，2020年一季度，全国电商直播超过400万场。可以说，直播带货已不是“去库存”“冲销量”的应急之举，而是发展数字经济的新举措。然而，直播带货运营存在的问题很多，中国消费者协会相关报告显示，37.3%的消费者遇到过夸大宣传、货不对板、售后服务难以保障等问题，还有一些基础服务性问题也需要解决。就发展现状而言，规范直播带货，势在必行。

直播带货产业涉及的主体多，如何规范？

要厘清主播、商品发布平台、商品供应企业等参与方的责任，明确行为规范。有些主播直接在直播间销售商品，有些通过宣传为商家引流，不同主播担任的角色不同，需要承担的责任也不尽相同。目前，对于主播责任的认定存在不同观点，须进一步商讨。要制定管理标准，加强监管。唯有直播带货有据可依、有规可循，消费者的合法权益才能得到保障，整个产业才能实现良性发展。此外，从消费升级趋势看，消费者购物不再仅关注价格，商品质量好、服务体验优等都是消费的动力，直播带货大有可为。各参与方必须认识到，一锤子买卖长久不了，只有诚信经营才能实现可持续发展。

标准和规范的明确是新的开始，期待主播和相关平台及企业严格执行、诚信守规，促进直播带货产业健康有序发展。

资料来源：罗珊珊．直播带货，有规矩才有未来．人民日报，2020-06-17.

阅读案例，回答以下问题：

1. 下列对上文相关内容的理解，正确的是（　　）。

A. 中国商业联合会已起草制定两项标准，标准在2020年7月正式出台并在全国范围内施行

B. 线上线下商家将直播带货作为疫情防控期间的重要运营方式，加强了商品的供销

对接

C. 直播带货凭借改变传统销售方式等优势，成为助力产业发展重要抓手

D. 从消费升级趋势看，商品价格、质量及服务体验均被消费者关注，直播带货大有可为

2. 下列说法不正确的一项是（　　）。

A. 直播带货必须讲规矩，标准的出台有利于推动产业行稳致远

B. 第三段运用举例论证和比喻论证的方法，阐明直播带货产业的发展及存在的问题

C.“架起了沟通的桥梁”“一锤子买卖长久不了”等语句，使文章语言严谨中不失活泼

D. 文章关注社会生活与产业发展，有针对性地阐明自己的观点，具有鲜明的时代性

3. 根据案例内容，应从哪几个方面规范直播带货？请简要概括。

项目六

整场脚本写作策划

项目目标

知识目标

1. 明确整场脚本设计的意义、内容及要求。
2. 掌握直播流程和整场脚本写作。
3. 了解播放复盘的基本方法。

能力目标

1. 学会通过素材宣传等方式进行直播预热。
2. 能撰写整场脚本，策划直播活动。
3. 下播后能进行团队总结，撰写复盘资料，整理素材，进行渠道宣传。

思政目标

1. 感知团队协作的重要性，培养具备语言沟通能力和团队协作能力的高素质技能人才。
2. 培养创新思维能力和严谨细心的工作态度。

项目导读

直播电商购物模式与传统电商购物模式有较大差异，其凭借内容的丰富性和满足用户的社交互动需求而被越来越多的用户认可。2021 年以来，随着直播流量红利褪去，直播电商的运营越来越注重精细化。在整场直播中，如何策划直播流程、把握直播节奏、调度直播分工、引导直播互动，直接关系到直播间的经济效益。本项目将从整场脚本设计入手，通过确定主题、设置时间、把握节奏、提高在线人数、提高转粉率等几个方面提升整场直播策划能力。

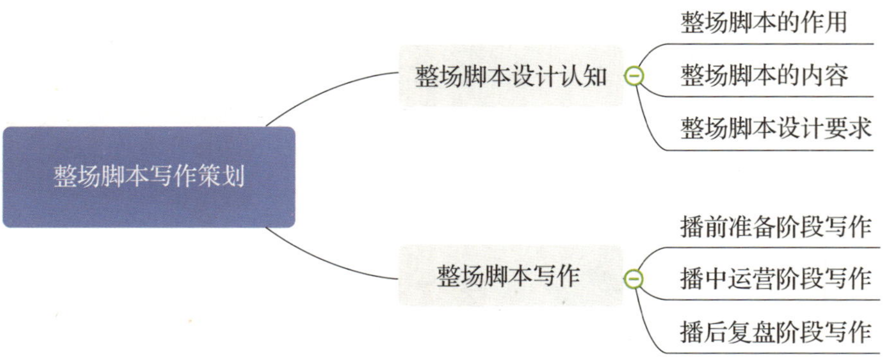

项目引例

“心连心系列公益带货直播”走进四川省凉山州喜德县

心连心不负韶华共圆小康梦，手牵手脱贫攻坚共赴幸福生活。在2020年这个特殊的时间节点，中央广播电视总台推出全新的“2020‘我们的中国梦’文化进万家‘心连心’慰问演出”活动，本次活动走进四川省凉山州喜德县。8月11日晚7:00，“心连心系列公益带货直播”作为活动的第一场，先声夺人，开启“凉山州喜德县助农专场”。当晚，央视主持人联手快手主播，与几位歌手、演员等共同直播带货喜德特产、凉山好物、精品食材等十款产品。大凉山核桃、农家腊肉、会理石榴……众多好物让人垂涎欲滴，主播当场表示“一天没吃饭等的就是今晚的美食”。两位主播在直播间里进行了学彝族语言、比拼绕口令等互动。

随后某演员加入直播间分享农家腊鸡等好物，还现场传授“吃鸡瘦身秘方”，直播间也变成大型“吃鸡现场”。该演员还在直播间教跳“网红”舞蹈《无价之姐》，快手主播学跳时直呼“顺拐了”，引发阵阵笑声。同时，三人也寄语凉山州的发展：“希望大凉山的产品都能够乘风破浪走向全国。”

某歌手来到直播间并现场演唱《万水千山总是情》等歌曲，伴随着动听的歌声，主播也抒发了她的感受：“就像刚才的歌一样，大家都不要小看大凉山，没有什么是熬不过的，当地的脱贫攻坚、决战决胜一定会胜利”。之后，另一位演员出现在直播间，与网友共同分享好物。最后她倾情寄语凉山州：“通过大家的共同努力，希望当地发展得越来越好。”

3小时的直播结束后，总销量220.5万件，总销售额1.06亿元，其中凉山州特产的总销量超过72万件，总销售额2 500万元。多款产品均突破计划供应量。以“凯特杧果”为例，本计划推出几万箱，但在网友的热情下单氛围下，直播间屡次提高预售供应量，最后销量突破了30万箱。凯特杧果、大凉山核桃的供应商均来到直播间，面对惊人销量笑逐颜开，纷纷笑称“把隔壁村的产品都凑起来也发不了那么多啊”。这次公益直播带货，拓展了当地人民的创收新思路，极大地带动了农产品的增产增收。可以说，直播带货聚焦当地经济社会发展情况，为当地脱贫攻坚贡献了力量。直播效果如表6-1、图6-1所示。

表6-1 “心连心系列公益带货直播”数据一览

总销售额	1.06亿元+	总销售件数	220.5万+	直播时长	3小时
累计观看人数	3 000万+	同时在线最高人气	128万+	平均在线观看人数	90万+
喜德县产品		大凉山产品		四川助农产品	
单品	销售额	单品	销售额	单品	销售额
袁野大红袍花椒	150.2万元+	会理软籽石榴	403.7万元+	四川宜宾五粮情酒	4 800万元+
黑苦荞胚芽茶	190.5万元+	大凉山新鲜核桃	197万元+	四川凯特杧果	1 004万元+
袁野农家腊肉	239.2万元+	大凉山风干牛肉	125.5万元+	好人家火锅底料	967万元+

图6-1 “心连心系列公益带货直播”带货成绩

案例分析

本场直播的成功有以下四个原因：

1. 官方背景及主播、嘉宾的粉丝基础。“心连心系列公益带货直播”是中央广播电视总台文艺节目中心主办的脱贫攻坚助农活动，本场直播的主播是央视著名主持人，其知名度高，口才了得，与之搭档的快手平台知名主播及三名嘉宾也是粉丝基础较好，为本场直播带来了不少关注。

2. 直播主题明确、有吸引力。本次直播主题是“心连心公益带货”，同时定位四川省凉山州喜德县，在直播过程中围绕直播主题和地方特色开展一系列活动，强化“脱贫攻坚共赴幸福生活”的主旋律，公益性质突出，很好地激起观众的同理心与责任感。

3. 整场脚本设计细致，直播流程清晰，人员配合默契。本次直播内容精彩，直播流程安排紧凑，商品介绍与节目表演相结合，直播节奏张弛有度。此外，主播、辅播和嘉宾配合默契，后台运营、灯光摄影等也都有条不紊，呈现出非常好的直播效果，这些都得益于直播前细致的整场脚本设计。

4. 目标人群定位精准，直播选品符合消费人群特点。本次直播的地域以四川及周边省市为主，所以在选品方面，选择了价格低、消费频率高、有地方特色的农副产品，符合消费人群特点。

任务一 整场脚本设计认知

情景导入

通过前面几个项目的学习，小琳对于直播已有了一定的了解，知道怎么撰写单品直播脚本，并进行商品介绍。于是，小琳跃跃欲试，她找了身边的好朋友，组建了直播团队，准备来一场轰轰烈烈的直播首秀。直播首秀之前，要先进行整场直播脚本设计，确定直播主题，规划直播时间，把握直播节奏，争取在直播中提高在线观看人数，提高转粉率，促成下单。

任务目标

1. 明确整场脚本设计的意义。
2. 掌握常见的整场脚本设计内容。
3. 掌握整场脚本设计的具体要求。

知识储备

为了达到更好的直播效果，主播需要设计好直播脚本。在直播过程中，从开始到结束，主播需要做哪些事情都应提前设计好。主播在直播之前将直播大纲表格化，有利于更好地把握直播的流程及进度，吸引用户，提高销售额。

一、整场脚本的作用

在直播前精心设计整场脚本，其作用在于明确直播主题、梳理直播流程、管理主播话术、调度直播分工、便于复盘总结。

1. 明确直播主题

直播主题就是直播的核心内容，整场直播的内容需要围绕中心主题展开。如果内容与主题不符，用户进入直播间不能获取自己想要的信息，就容易走开。

整场脚本设计的第一步，就是要明确直播的主题。主题的确定不仅有利于直播团队围绕主题进行整场直播内容拓展和活动策划，同时也可以让用户知道自己在这场直播里面能看到什么、获得什么，提前引起用户的兴趣。

小知识

直播主题的确定

直播主题的确定可以从以下几个方面考虑：

1. 直播的目的

直播的目的通常有以下几种：新品上市、清仓促销、日常促销、回馈客户、粉丝拉新、建立信任、宣传品牌等。很多直播主题的确定是与直播目的相关的，例如："荣耀30系列新品线上发布会""年度品牌羽绒服清仓""生活VIP节""面部彩妆小课堂来咯"等。

2. 直播的时间节点

重要的时间节点，例如节日、纪念日、电商平台大促时间点等，也可以作为直播主题，例如"88会员爆品福利日""99大促爆发抢爆款""双十一狂欢错过等一年""双旦提前购"等。

3. 直播内容

基于直播内容确定吸引粉丝的、容易引发讨论或共鸣的主题。例如，某服装品牌的直播主题是"200元搭出一套职场装"；天猫超级品类日防晒主题直播是以辩论的形式呈现的，主题是"吾颜的战争"，通过辩论传递防晒知识，植入防晒产品。

2. 梳理直播流程

做直播最忌讳的就是开播前才考虑直播的内容和活动，主播团队如果没有事先预习直播内容，那这场直播很难呈现出流畅的效果。直播脚本首先要解决的就是梳理直播流程，让直播的内容有条不紊。一份合格的直播脚本的流程安排，要具体到每一分钟。

使用直播脚本确定每个时间点的直播内容，有助于主播从容不迫地把控整个直播间走向，提升直播的流畅性，优化粉丝的观感体验，降低直播过程中出现突发状况的可能性。

3. 管理主播话术

一份清晰、详细、可执行的直播脚本，是直播流畅进行的保障，也是主播把控直播的节奏、规范直播过程、准确输出直播内容的关键。直播脚本可以为主播的每一个动作、每一句语言做出指导，让主播清楚地知道在某个时间该做什么、说什么。对于新手主播而言，提前准备好脚本也可以避免紧张忘词等情况。

4. 调度直播分工

通常来说，一个完整的直播团队由 3 ～ 10 名人员组成，每个人的具体岗位各不相同，有主播、辅播、场控、拍摄、活动策划、客服等。为了节约团队沟通时间，提高团队沟通的效率，直播团队通常使用直播脚本来调度直播活动。有了脚本，就能更加方便地进行直播筹备工作，直播间参与人员的配合也会更加默契、有条不紊。

5. 便于复盘总结

复盘总结是每个主播下播后的一项重要工作。这个工作需要后台管理人员不断总结数据，不断对比优化。直播复盘总结包括直播数据分析，用户活跃度、直播间转粉率、调整改进等。复盘总结时，可以将整个直播流程与直播前的脚本设计进行对比后，记下可以改进优化的地方，梳理出本场直播的优点和缺点，在下一次直播时进行优化改进。

二、整场脚本的内容

整场直播脚本就是以整场直播为单位，做好播前准备、播中运营、播后复盘，规范直播节奏流程和内容。

一份直播带货的整场脚本，主要包括 8 个方面的内容，如图 6－2 所示。

1. 直播目标

整场脚本设计首先需要传达直播目的，告诉团队成员，通过这场直播希望达到的目标是什么，最好要有数据化的具体要求。例如：提高在线观看人数、提高转粉率，同时需要完成多大量的销售目标、需要提升多少 DSR 评分等。

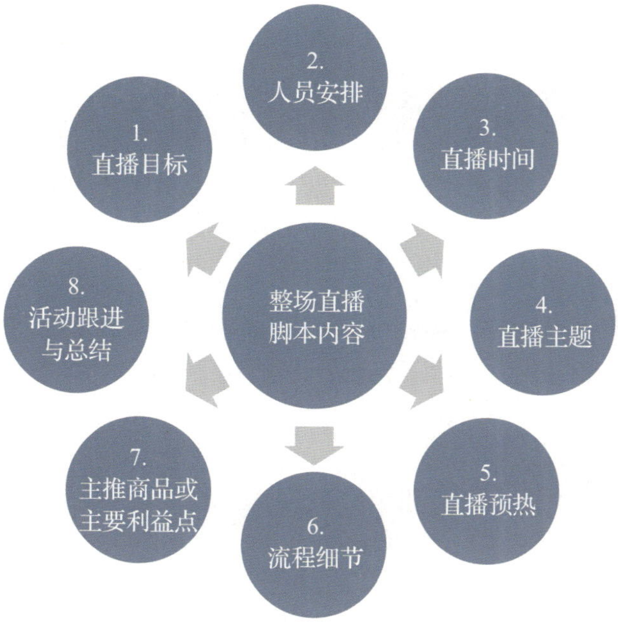

图 6-2 整场直播脚本的内容

例如：春节将至，是老百姓采购年货的主要时间段。为了宣传公司的春节新品套装，并在春节放假前将公司天猫店销量提升至 6 000 万元，我们制订了本次直播营销计划。

2. 人员安排

包括直播过程中所有参与人员的具体分工和时间安排，比如主播介绍商品、引导用户下单时，辅播和助理如何配合，场控什么时候弹关注卡片、弹优惠券等，都要在直播脚本中体现出来。

小知识

直播相关的岗位及工作职责

搭建直播团队先要考虑的是岗位设置，其次是工作内容，最后是工作流程。一个完整的直播团队包含以下几类岗位人员：

1. 主播团队

（1）主播：负责熟悉商品信息、介绍展示商品、与粉丝互动、介绍活动、复盘直播内容等。

（2）辅播：负责协助主播直播，与主播进行配合，协助说明直播间规则等。

（3）助理：负责配合直播间所有现场工作，灯光设备调试、商品摆放、取放样品等。

2. 策划团队

（1）编导：负责根据主播的人设、粉丝属性、商品特点等进行直播整体思路设计、撰写直播策划案、编写直播脚本等。

（2）场控：操作直播中控台，负责商品上下架、弹关注卡片、弹优惠券、发红包、发公告、抽奖送礼等。在一些人数较少的直播团队中，场控还有一个很关键的作用，就是根据脚本把握整个直播间的节奏。主播有时候会出现讲得高兴了停不下来，或是把话题扯远了，这个时候场控就要提醒主播，把节奏拉回来。

3. 运营团队

（1）商品运营：主要负责与供应链对接选品、挖掘商品卖点、培训商品知识、协助撰写商品单品直播脚本等。

（2）活动运营：主要负责搜集活动信息，撰写并执行活动方案，复盘直播内容，持续跟进提升活动效果等。

3. 直播时间

直播时间包括两部分：一是直播的整体时间节点，包括开始时间、结束时间、前期筹备时间、预热时间等，便于所有参与者对直播有整体印象；二是直播过程的具体时间流程，脚本中应清晰说明每个环节的时间，防止由于某个环节延时而导致直播整体延误。

直播的整体时间节点需要结合粉丝画像、平台流量、同行竞争等情况确定，建议每场直播的时间段要固定，有利于促进粉丝养成按时观看的习惯。直播过程的具体时间流程，建议要严格执行脚本中制定好的直播时间。直播时间到点后，不要留恋，即使还没介绍完商品，也要放到下一场直播，这也是一种留悬念的营销方式。可以及时预告下一次的直播时间，让粉丝关注下一场直播。

4. 直播主题

跟写文章一样，定下直播主题，就要保证直播在预设的主题方向上行进，确保主题不会跑偏。同时，直播主题的确定还要考虑目标人群定位及品牌、商品特点。

5. 直播预热

直播预热是指直播前根据直播的内容提前设计海报、视频，进行直播预告，并多渠道宣传。不能等直播开始了，坐等观众进来，而是要主动出击，广而告之，让对这个主题有兴趣的观众都来参加，同时抛出利益诱惑，吸引粉丝加入。

专业直播机构的流量往往多于个人商家流量的原因，就在于直播之前的预热和宣传上。无论是专业直播机构还是个人商家，都应该重视直播预热和宣传，积极通过文案、海报、视频等方式在各个渠道增加自己的曝光量，为直播引流。

6. 流程细节

直播脚本的流程安排，要具体到分钟。比如 8 点开播，开播前 10 分钟就要进行直播间的预热，和观众打招呼，让观众帮忙将直播间分享出去。流程细节除了时间上的安排，也包括道具、话术、价格、活动、摄影机位等的安排，是整个直播脚本最核心的内容。

直播流程包括详细的时间节点以及在该时间节点主播要做的事和说的话。通常直播流程包括以下 5 个环节：

（1）开场预热：打招呼、介绍自己、欢迎粉丝到来，今日直播主题介绍；

（2）话题引入：从直播主题或当前热点事件切入，活跃直播间气氛，调动粉丝情绪；

（3）商品介绍：根据商品单品脚本介绍商品，重点突出商品性能优势和价格优势（直播间活动）；

（4）粉丝互动：直播间发福利、点关注、抽奖、催单话术、穿插回答问题等；

（5）结束预告：回顾整场商品，催付款，感谢粉丝，引导关注，预告下次直播时间、福利和商品活动。

7. 主推商品或主要利益点

梳理商品的卖点，在商品卖点中提炼商品的特点，包括商品功能卖点、价格卖点，为主播提供更为真实和准确的信息。在不同平台直播，要选择符合平台相应受众特点的商品。比如在快手，50 元以下的商品销量非常高，高于 50 元的商品销量则不佳；而在抖音，100 元以内的商品都可能成为爆款。

8. 活动跟进与总结

直播结束后，需及时跟进订单、奖品名单公布和发放、做好粉丝维护等，确保用户的消费体验。特别是发货一定要及时。另外，可以调研粉丝对于本场活动的评价，便于改进优化。还可以对直播视频进行剪辑，包装成宣传材料，多渠道进行宣传。

除了上述要点外，还要注意直播脚本绝不是永远固定的，每一场直播都会有变化，所以每一场直播都应该做一份直播脚本，然后定期更新，保持风格的同时，也要让用户有新鲜感。

三、整场脚本设计要求

一场好的直播离不开一个设计严谨的脚本，要有头有尾，有引子有高潮，要把控直播的节奏，规范流程，达到预期的目标，让直播效益最大化。

敲黑板

整场直播脚本就是对直播的时间、场景、人员、道具、商品的综合性管理。

想要直播间人气爆棚、商品大卖，脚本设计时应注意以下四点要求。

1. 直播主题鲜明，有吸引力

直播主题的确定，可以从直播目的、直播时间节点、直播内容三个方面考虑，好的直播主题有助于吸引用户进入直播间。

直播主题的确定，首先是借助用户画像分析用户特点，挖掘用户需求，提炼用户情感特征；然后结合直播目标、品牌文化、商品特性等，初拟主题；最后是根据热门事件、网络流行语等对初拟的主题进行修改，最终命名。

赏实例

2020 年，某零食品牌就在抖音发起了一场主题为“湖北重启　抖来助力”的直播带货活动（见图 6－3）。该主题的命名充分考虑了当时的热门事件“疫情后湖北经济复苏”，通过本次直播带货活动，号召大家“为湖北复苏拼一单”，既有热点，也体现了企业的社会责任感。这场直播吸引了 9 万人同时在线观看，流量和转化率远远超过该账号其他直播活动。

图 6－3　某零食品牌“湖北重启　抖来助力”直播带货截图

2. 直播节奏紧凑，有条不紊

直播之前，最重要的是对直播进行规划和安排，重点是整体逻辑和活动策划以及直播节奏的把控。脚本设计时先将直播流程详细写下来，安排好商品解说的顺序，控制解说时间。一般带货直播的流程是“聚人—留客—锁客—举证—说服—催单—逼单”。

3. 直播互动适当，吸引停留

直播互动的形式、互动时间，应详细写到脚本中。直播互动的方式，从对粉丝的称呼、一句口头禅，到弹幕、弹优惠、抽奖等，都要详细写明。建议小型互动 15 ～ 20 分钟一次，大型互动 1 小时一次。

以抖音为例，直播平台提供的主要互动功能有：

（1）加入粉丝团。引导关注主播，加入粉丝团，可以享受粉丝福利。

（2）弹幕飘屏。因为直播过程中会不断有新人加入，刚进入的新人可能对现在的直播间不太了解，所以在主播直播时，助理或场控可以通过弹幕飘屏与观众互动。例如，“21:00 进行抽奖，不要走开哦”。

（3）回复互动。回复互动也是直播间非常常见的互动方式。直播间的回复互动，指的是主播问问题，粉丝通过评论来回答。问问题的时候要尽量避免开放性的问题，要问封闭性的问题。例如，“用过这个品牌并且觉得真的好用的，请在屏幕下方回 666”“喜欢粉色的回 1，喜欢蓝色的回 2”等。

（4）点赞互动。点赞数量达到指定数量，触发直播商品秒杀。例如，“点赞到 10 万，我们这个商品上 9.9 元秒杀，数量是 30 个”。

（5）优惠券发放。优惠券分两种：一种是有使用门槛的，如“满 199 减 30”；另一种是无使用门槛的优惠券，如“整场下单减 3 元”。直播间添加优惠券的方法如图 6－4 所示。

图 6－4　直播间添加优惠券的方法

（6）其他互动方式。如发红包、连麦、直播打榜等。

4. 直播内容有料，提高转粉率

全民直播的时代，单纯依靠聊天、唱歌等才艺表演很难在众多主播中脱颖而出。要提高自己的专业素质，深刻理解行业及商品的优劣、特点，针对用户痛点设置场景进行商品讲解；精心设计直播台词，如热门话题或有趣的段子，让直播内容更有趣；提高专业知识素养，让粉丝觉得进入你的直播间有获得感。

敲黑板

优秀的直播脚本要考虑到流程的每个细节，可以让直播内容有条不紊，而不是处处随机。

直播脚本也不是一成不变的，是需要不断优化的。一场直播在按脚本执行的同时，可以分时间段记录下各种数据和问题，结束后进行复盘分析，不断优化和改进。

任务实施

1. 明确整场脚本设计的意义

2020 年 4 月 24 日，格力电器董事长董明珠迎来直播首秀。本次直播采取了“走播”的形式，带领围观网友进格力科技馆逛了一圈，36 个格力产品链接也一股脑儿上架，董明珠亲自上场介绍格力产品。董明珠介绍了空调、洗衣机、冰箱、厨房家电、小家电等多个品类的格力产品，重点介绍了格力新冠病毒空气净化器，以及疫情期间格力做的红外额温计、医用口罩等。

因为首次直播，团队经验不足，董明珠的直播间接连出现了卡顿、重声、没声音等情况。据不完全统计，在 1 小时直播时长里，至少出现了 5 次长时间的卡顿。每次卡顿都造成直播间观看人数大幅度下降。直到直播结束，卡顿的情况并没有得到改善。

本场直播累计观看人数 431 万，在线人数峰值 21.63 万，商品销售额 22.53 万元，销量最高的充电宝仅销售 121 台，部分商品的销量为个位数。

（1）阅读上述案例，你认为总裁直播带货“叫好不叫座”的原因是什么？

____

____

（2）在直播之前，特别是第一次直播之前进行整场脚本设计的意义是什么？

____

____

2. 掌握整场脚本设计内容

假设你所在的学校计划筹办"摄影协会招新推介会"，届时将邀请一位当地知名摄影师参与活动并现场直播。请你为这场直播进行简单的整场脚本设计。

（1）整场脚本设计一般要包含哪些内容？

（2）请规划本次直播的人员安排，并和大家分享你将如何进行直播预热。

3. 掌握整场脚本设计的具体要求

（1）整场脚本设计的具体要求是什么？

（2）请为以下直播活动设计直播主题和互动方式。

1）某"网红"主播直播如何化面试妆容。

2）烹饪专业的学生直播做菜。

3）大学生放假回乡直播卖苹果。

4）服装工厂直播卖羽绒服。

任务二 整场脚本写作

情景导入

小琳对于整场脚本设计已有一定的认识，知道为什么要进行整场脚本设计，整场脚本设计包含哪些内容、有什么具体的设计要求。现在，小琳开始进行整场脚本的写作策划。整场脚本按直播的时间节点，可以分为三个阶段，分别是播前准备阶段、播中运营阶段和播后复盘阶段。

任务目标

1. 了解主题策划的方法。
2. 通过素材宣传等方式进行直播预热。
3. 掌握常见的直播间开场技巧。
4. 撰写直播流程，策划直播活动。
5. 下播后进行团队总结，撰写复盘资料。
6. 下播后整理直播期间的素材，进行渠道宣传。

知识储备

目前普通商家直播多数面临两个问题：流量少、转化效果差。其实造成这两个问题的核心原因就是商家没有提前做好直播脚本。而专业直播机构除了有完善的团队，还会把脚本设计得很详细，使直播流程化，通过活动设计和语言引导，吸引消费者关注直播间并延长留存时间。整场直播脚本示例如表 6－2 所示。

表 6－2　整场直播脚本示例

<table>
<tr><td>直播主题</td><td colspan="4">秋季护肤小课堂</td></tr>
<tr><td>直播目标</td><td colspan="4">在线观看：吸引 10 万名观众
转粉目标：新增粉丝 200 人
销售目标：销量 500 件以上，销售额 3 万元</td></tr>
<tr><td>主播、辅播</td><td colspan="4">主播：× ×，品牌主理人，时尚博主；辅播：× ×</td></tr>
<tr><td>直播时间</td><td colspan="4">2021 年 10 月 8 日，20:00—22:30</td></tr>
<tr><td>直播平台</td><td colspan="4">快手</td></tr>
<tr><td>直播预热</td><td colspan="4">制作宣传海报套图 6 张，开播前 6 天每天发一张
制作宣传短视频 3 个，开播前 3 天每天发布一个</td></tr>
<tr><td>宣传渠道</td><td colspan="4">品牌官方微博及主播微博
品牌快手账号
品牌小红书账号及品牌官网</td></tr>
<tr><td>注意事项</td><td colspan="4">合理把控商品讲解节奏
适当增加商品功能的讲解时间
注意对用户提问的回复，多与用户进行互动，避免冷场</td></tr>
<tr><td colspan="5">直播流程</td></tr>
<tr><td>时间段</td><td>流程</td><td>主播</td><td>辅播</td><td>场控 / 客服</td></tr>
<tr><td>19:45—20:00</td><td>准备</td><td>提前进入直播间，与用户打招呼、聊天，同时引导用户分享直播间。</td><td>协助检查设备和网络的情况，调整好灯光、耳麦等，做好播前准备。</td><td>提前设置优惠券；向粉丝群推送开播通知。</td></tr>
</table>

续表

直播流程				
时间段	流程	主播	辅播	场控 / 客服
20:00—20:10	开场预热	暖场互动，介绍开场截屏抽奖规则，引导用户关注直播间。	演示参与截屏抽奖的方法，协助引导用户关注直播间。	回复用户的问题；收集重要信息。
20:10—20:20	主题引入	采用提问的方式引入本次直播的主题——秋季护肤。	配合主播，通过一问一答的方式引入护肤直播场景。	在公屏上不定期弹出关注主播的提醒。
20:20—20:30	活动剧透	剧透今日新款商品、主推款商品，以及直播间优惠力度；同时向用户强调不要走开，21:00 将会发红包。	补充主播遗漏的内容；引导关注；引导分享直播间。	向粉丝群推送本场直播活动；在直播间添加商品链接。
20:30—20:45	商品介绍	分享秋季护肤注意事项，并讲解、试用主推的新品（第一款商品）。	配合主播演示商品使用方法和使用效果，引导用户下单。	上架第一款商品；发放优惠券；回复用户关于订单的问题。
20:45—20:50	互动	为用户答疑解惑，与用户进行互动。	引导用户参与互动。	收集互动信息。
20:50—21:00	商品介绍	讲解、试用一套护肤礼盒（第二款商品），强调价格和优惠力度；提醒用户 21:00 发红包。	向用户展示商品外包装、容量大小、使用方法等；引导用户下单；提醒用户 21:00 发红包，引导分享直播间。	上架第二款商品；回复用户关于订单的问题。
21:00—21:10	红包互动	发红包，与用户进行互动，让抢到红包的用户评论发“抢到了”，调动气氛。	提醒没有抢到红包的用户不要灰心，关注直播间，一会儿还会再发红包。	21:00 准时发放红包。配合主播播放节奏较快的音乐，炒热直播间气氛。
21:10—21:20	知识分享	分享秋季护肤补水的技巧，使用道具演示在家如何做水膜。分享知识的同时融入品牌介绍。	配合主播协助演示；以自身经历说明推介商品的效果并提醒用户还可以下单。	配合现场直播的情况，分别上架第一款和第二款商品。回复用户问题。
21:20—21:30	商品介绍	引入第三款商品，进行单品讲解、试用。	配合主播演示商品使用方法和使用效果，引导用户下单。	上架第三款商品；回复用户问题；公屏继续弹关注。
21:30—21:40	福利赠送	向用户介绍抽奖规则，引导用户关注直播间并分享好友，提高中奖率。	用手机演示参与抽奖的方法。	回复用户问题；收集中奖用户信息。
21:40—22:05	特价商品介绍	安抚未中奖的用户，引入本场 5 个福利款商品（清仓特价款），进行商品介绍，每个商品控时 5 分钟。	配合主播讲解，用道具板写下商品名，价格，强调性价比和优惠力度。	后台场控根据主播讲解的节奏进行商品上下架，商品下架时库存清零。客服回复用户问题。

续表

直播流程				
时间段	流程	主播	辅播	场控 / 客服
22:05—22:20	热销返场	对主推的三款商品进行返场讲解，每款约 5 分钟。回复发货、物流等问题。	配合主播讲解，强调优惠力度，商品倒计时下架，制造紧迫感。	场控调整音乐，根据主播讲解进行商品上下架，商品下架时库存清零。客服回复用户问题。
22:20—22:30	预告收尾	表示感谢，引导关注，预告下一场直播的时间、福利，与用户道晚安，送祝福。	手机演示如何关注直播间，在 kt 板上写下直播预告，强化用户印象。	场控在公屏上频繁弹出关注主播的提醒。客服回复订单相关问题。

一、播前准备阶段写作

直播概况位于整场脚本的开头，一般以表格的形式呈现，如表 6 - 3 所示。

表 6 - 3　直播概况

直播主题	“打工人”秋冬护肤专题		
直播时间	2021 年 10 月 10 日 20:00—24:00	直播平台	抖音
直播团队	主播：×××；辅播：×××；连麦主播：×××；场控：×××； 灯光、摄影：A 小组；客服：B 小组		
直播场室	2 号美妆类目直播间		
直播目标	转粉目标：新增粉丝 ××× 人 销售目标：销量 ××× 件，销售额 ×× 万元		
内容策划	秋季敏感肌产生的原因（如何拯救秋季敏感肌） 品牌介绍 商品推荐（主打） “好用却名不见经传”的国货推荐 粉丝互动及粉丝团福利 适合“打工人”的秋冬季节护肤心得分享		
直播预热	制作宣传海报 2 张，开播前两天每天发一张 制作宣传短视频 4 个，开播前两天每天发布两个 撰写微信公众号直播预告文章一篇，开播前一天发布于品牌公众号		
宣传渠道	品牌官方微博及主播微博 品牌抖音蓝 V 号、主播个人抖音号 微信粉丝群、抖音粉丝群及其他电商平台粉丝群		

直播概况的写作重点在于以下三个方面。

1. 内容策划

在项目三中，我们已经学习了预告文案的写法和直播标题、直播封面的设计。优质的标题和封面可以吸引更多人进入直播间，而要让这些人留下来，还需要直播间持续产出优质的直播内容。

直播内容要求紧扣直播主题，符合法律法规和直播平台规则，符合品牌价值观和主播人设。直播内容的选材，可以从以下 4 个方面来考虑：

（1）能够引起共鸣的话题。

如与大众生活息息相关的，或具有地域性及共同群体相关性的，或激发情感共鸣、唤醒共同记忆的。

（2）能够激发用户好奇心的话题。

如和用户普遍认知相违背的，或用户普遍听说过但没有亲身经历过的。

（3）能够激发用户向往的话题。

如长时间忙碌工作的人对于休闲的田园生活的向往；因疫情原因长时间居家的人对旅游的向往；带孩子的宝妈对于自由工作的向往，等等。

（4）垂直知识传递话题。

用户可以获知到有用的信息、技巧或专业的知识，如汽车的保养维护、护肤、化妆技巧等。

2. 直播预热

直播预热有事件预热和素材预热两种主流方式。事件预热是通过策划某一事件进行话题发酵，再进行直播预热。事件预热活动门槛比较高，较难用于每一次直播活动，所以，直播商家更多会采用素材预热的方式。

素材预热的时间节点，一般是两场直播的中间节点。如，每周一场的直播，可以提前 3 ～ 4 天预热；每周两场的直播，建议提前 1 ～ 2 天预热，素材预热一般不能超过一周。

常见的素材预热一般有以下三种：预热海报、预热文章、预热短视频。

（1）预热海报。

预热海报包含图片和文案，一般来说具备以下要素，如表 6－4 所示。

表 6－4　预热海报要素及具体要求

海报要素	具体要求
主标题	简短显眼，不点开就能看清
副标题	突出 IP 或强化主题，表达情感
主播形象	主播照片及简介
利益点	用户可以获得的好处或福利
价格阶梯	部分主推品牌或商品的优惠价格
直播时间	详细的直播时间
直播入口	平台进入方式，附上直播间的二维码或链接

预热海报如图 6－5、图 6－6 所示。

图 6－5　某书店直播预热海报

图 6－6　奥运赛事直播预热海报

（2）预热文章。

主要以图文方式呈现，常见于微信公众号，如图 6－7 所示。

图 6－7　微信公众号直播预热文章

（3）预热短视频。

短视频预热是目前快手、抖音两大直播平台上最重要的直播预热模式。短视频相比图文方式，可以呈现的内容更多，更具有吸引力，如图 6－8 所示。

预热短视频可以直接明了，也可以设计得更有创意些，放到日常分享的短视频中，让用户在有趣的内容中了解到直播信息。如图 6－9 所示，这个短视频的标题是“天下武功唯快不破”，一开始用户可能以为会看到飞刀的绝技，看到后面苹果上的字，才意识到这是一则直播预热短视频。

图 6-8　直播预热短视频

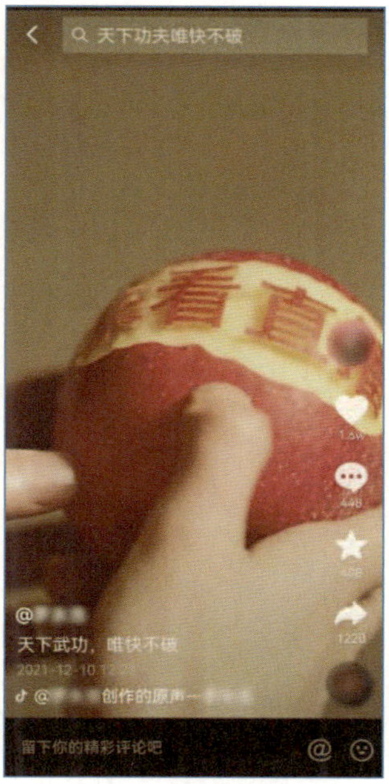

图 6-9　创意直播预热短视频

3. 宣传渠道

直播素材的宣传渠道主要是新浪微博、微信公众号、抖音、快手、小红书、知乎等自媒体平台及电商平台中自己的店铺（见图 6-10）。这些平台的特点是自主可控，费用较低。知名主播还会投入营销费用，在官方平台的首页等优质资源位进行传播推广。粉丝数较少的小主播，则会在自己的平台粉丝群、微信粉丝群、朋友圈、视频号等免费私域渠道进行传播推广。

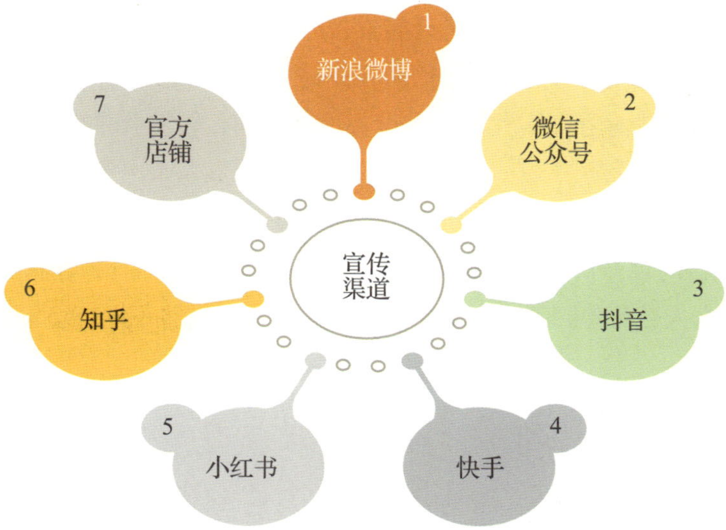

图 6-10　直播素材主要宣传渠道

二、播中运营阶段写作

播中运营阶段落实到文案写作中，要完成的主要任务是直播流程写作（参考表6－2）。直播流程写作包含以下六个主要环节。

1. 开场预热

无论直播团队准备了多少精彩内容，如果没有一个好的开场，那么直播效果很可能大打折扣。

直播间观众会根据开场判断这场直播是否有趣，主播是否有魅力，自己能否从直播中获益。平淡无奇甚至让人厌恶的开场，通常会让观众马上关闭页面，因此一定要认真做好开场设计。开场预热时，主播要和粉丝们打招呼，并介绍本场直播概况，同时引入本次直播的主题。

直播活动的开场设计需要从以下四个层面考虑：

（1）吸引观众留下。

直播开场时的观众一部分来源于直播预告带来的粉丝流量，另外一部分是平台流量，即在该直播平台随意浏览的观众。为避免早到的粉丝等待，同时也为了让直播团队调试设备，直播活动一般都会提前5～15分钟开播。刚开播的时候，直播间人流量比较少，主播要热情地和观众打招呼，与早到的观众聊天、互动，同时利用语言、道具等充分调动观众的积极性，提前告知本次直播重要的优惠活动，吸引观众留下。

（2）促进观众转发分享。

开场时主播要积极引导观众转发直播链接，邀请自己的朋友加入直播间，促进直播间人气上升，直播过程中也可以不定时进行转发提醒，让直播间持续火爆。抖音、快手等直播平台均有转发分享的互动工具，直播团队在开播之前可以先做好互动活动设置。如转发多少人可获得直播间优惠券多少元；或者设置抽奖活动，转发分享可以获得更多抽奖码，增加抽中概率。

（3）带入直播场景。

观看一场直播的观众所处环境各不相同，有的在办公室，有的在宿舍，也有的在公车、地铁上。观众人数聚集到一定程度后，主播要第一时间将不同环境下的观众带入直播场景。

考考你

为了使观众迅速进入直播场景，主播需要在开场时提到场景相关关键词，如美食直播的主播在开场时常用的关键词有“好吃”“解馋”“色香味俱全”“流口水”“饥肠辘镳”等。请试着为以下场景列出直播开场时可提及的关键词。

1. 年轻女性服装档口直播：________

2. 江西赣南脐橙产地直播：________

3. 夏季某品牌防晒霜直播：________

4. 某品牌男士剃须刀新品直播：________

5. 店铺自主品牌纯棉毛巾直播：________

（4）渗透营销目的。

在开场时，主播可以从三个方面渗透营销目的：

1）将企业广告语、商品名称、销售口号等穿插植入台词中；

2）充分利用现场的道具（商品、旗帜、玩具、吉祥物等）对企业品牌进行展示；

3）适当剧透一些营销活动信息，如特价商品、独家链接等，促进信任，促成销售转化。

2. 主题引入

开场预热后，直播间的人数会慢慢增加，当人气达到预期值，或者已经超过直播预告时间5分钟时，就要开始引入直播主题了。常见的直播主题引入包括以下五种形式：

（1）单刀直入。

直播正式开场时，直接告诉观众直播相关信息，包括主播自我介绍、主办公司简介、直播话题介绍、直播大约时长、本次直播流程等。同时简单进行一些吸引人的环节如抽奖、彩蛋、发红包等的剧透，促进观众留在直播间。

（2）问题引入。

开场提问有助于在一开始制造观众参与感。一方面，开场提问可以引导观众思考与直播相关的问题；另一方面，开场提问也可以让主播更快地了解本次观众的基本情况，如观众所处地区、爱好、对于本次直播的期待，等等。

如某心理书籍推介会直播，开场是：“大家好，欢迎来到××直播间！不知道大家有没有遇到过类似这样奇怪的事情：当你剪了短头发的时候，你发现满大街都是短头发的女孩；当你怀孕后，感觉身边好多人也都怀孕了；你不坐公交车的时候经常会遇到公交车，你去坐公交车的时候它又不来了……如果你遇到过这些事儿，不妨在弹幕里打一个‘1’。你还遇到过哪些类似的事情呢？大家也可以在弹幕中发出来，咱们一起看看还有多少这样的事情。”

（3）数据引入。

数据是最有说服力的。主播可以将本次直播要素中的关键数据提前提炼出来，在开场时直接展示给观众，用数据说话。特别是专业性较强的直播活动，可以充分利用数据开场，第一时间令观众信服。

如某理财直播的开场是："欢迎大家来到我们的直播间！今天我们要和大家聊的是基金理财。不少人都遇到这样的情况：每个月工资 5 000 多元，生活花销 4 000 多元，按理说到了年底能攒下万把块钱，可是却发现自己什么钱都没攒下。更麻烦的是，工作了五六年，几乎还是'月光'。实际上，每个月拿出 500 ～ 1 000 元去购买一些基金理财产品，你完全有可能在工作五六年的时候，靠理财攒下人生中的第一个 10 万元。具体怎么做呢？大家可以关注我们这次直播。本次直播我们将邀请 ×× 基金经理，来为大家讲解……"

需要注意的是，直播开场的数据必须真实可靠，否则会引发观众对于直播真实性的质疑。目前各大直播平台均具有弹幕功能，且主播无法选择或设置禁言，一旦主播给出的数据有误，会直接导致直播间观众利用弹幕质疑，带来负面的影响。

（4）故事引入。

相比枯燥的介绍、分析，故事更容易让不同年龄段、不同教育层次的观众产生兴趣。通过一个开场故事，带着观众进入直播场景，能更好地开展接下来的环节。

如某公益活动直播的开场是："欢迎大家来到我们的直播间！有这样一个故事，一个生命垂危的病人从房间里看见窗外的一棵树，树叶在秋风中一片片掉落下来。病人望着眼前的萧萧落叶，身体也一天不如一天。她想，当树叶全部掉光时，她也就要死了。一位老画家得知后，画了一片青翠的树叶挂在树枝上。最后这片叶子始终没掉下来，病人也奇迹般地活了下来。今天我们要做的这次公益活动，就是要去帮助 ×× 地区的灾民，帮他们挂上一片片树叶，让他们在这次雪灾中看到希望。"

（5）热点话题引入。

参与直播的观众普遍对于互联网上的热门事件和热门词汇有所了解。直播开场时，主播可以借助热点，拉近与观众之间的心理距离。

如某护肤品直播的开场是："大家好！最近好多人都在聊'秋天里的第一杯奶茶'，你们喝了今年秋天里的第一杯奶茶吗？已经喝了的在弹幕里打一个'1'告诉我。相较于奶茶，我觉得我们直播间精致的'猪猪女孩们'，更需要'秋天里的第一套化妆品'，为什么这么说呢？接下来的直播中我将从秋季气候的特点、肌肤的变化、护肤技巧等来为大家一一解释。同时，为了回馈广大粉丝，今晚我们还会分时段随机抽取 10 名幸运观众，赠送 ×× 品牌的护肤套装，作为你们的'秋天里的第一套化妆品'，不要走开哦！"

考考你

学校社团联合会计划办一场直播，在网上进行图书义卖，所有义卖收入都将捐给希望小学。作为此次直播的主播，你认为上述主题引入的形式中，有哪些适合本次直播？具体应该如何设计话术？请写下来。

3. 商品介绍

直播主题与直播脚本都是主播开展直播带货的辅助手段，商品才是直播销售的核心，因此直播时主播应将更多目光聚焦于商品。主播可以从商品中提炼出吸引人的关键词，以吸引消费者的关注，同时要在直播中展示商品，促进销售。

商品介绍前，主播要安排好直播中所需展示的商品的顺序。这样不仅有利于合理安排直播内容、把控直播流程，同时还会带给消费者更好的观看体验。

商品介绍环节通常分为两部分：一是本场直播所要介绍的商品剧透。该环节会将本次直播的所有商品简单逐一介绍，让消费者对本场直播有个大致的了解。如果商品较多，也可以只介绍部分主推款、福利款。以一场4小时的直播为例，过款时间应不超过30分钟。二是全部过款后，再按单品脚本设计的顺序逐一对商品进行详细的讲解和展示。

小知识

如何安排直播商品的顺序？

在安排商品顺序时，主播可以根据商品的品类、风格、受众等进行分类。分好类后，主播可以统一讲解同一类型（同一材质）的商品的特点、相同类别商品的功效等，这能够有效提高主播直播销售的效率。下面是一些为商品排序的小技巧。

1. 服装类商品排序技巧

“新品折扣类—品牌经典类—品牌清仓类”是十分常见的服装直播排序方式。主播在展示新品折扣商品时，“新品”“质量好”“折扣优惠”等关键词能够在直播开始时就吸引观众的目光，激发观众的购物热情。同时，主播在展示新品折扣商品时，除了要介绍新品的特点、折扣详情以外，还要重点介绍商品的品质优势，如“羊毛材质透气柔软”“涤纶面料易干易清洗”等。这些对商品品质及特性的讲解，能够为接下来的商品展示做好铺垫。

在展示完新品后，主播可以顺势介绍该品牌的经典类商品。主播在介绍新品时，已经详细地介绍过该品牌的商品优势，所以观众已经对该品牌商品的品质有了基本的了解。所以，在此环节，主播除了进一步强调商品的优势外，还要着重介绍经典类商品的销量、好评率。这是经典类商品的卖点。

主播在商品介绍的最后阶段展示品牌清仓类商品，这类商品的质量也是有保证的，只是在商品款式、颜色、尺码等的选择上受限。经过前面两种类别商品的展示，观众已经对商品的质量、特点等有了较深刻的认知。所以，即便是款式单一、断码的商品，也能够得到那些追求实惠的观众的抢购。

2. 美妆类商品排序技巧

美妆类商品排序可以按照观众使用的顺序来排序。例如某主播每天都会直播教粉丝化妆，她介绍商品的顺序就是按观众日常使用化妆品的顺序：基础护肤—隔离—粉底—眉笔—睫毛膏—眼影—眼线笔—修容—高光—腮红—口红—定妆，边使用商品边介绍，用到哪个就介绍到哪个。因为还有后面新进入直播间的粉丝，所以她也会不时回顾一下前面介绍过的商品。

3. 混合类商品排序技巧

混合类商品可以按商品的相关性进行排序，但是要注意一个要点：相似的不同品牌的商品最好错开排序。另外，利润款、常规款、福利款要兼顾着混合排序。

提前安排好介绍商品的顺序能够给观众带来更舒适的体验。主播也可以通过安排商品的介绍顺序调整直播间的节奏和氛围，一次次地激发观众的购物热情。

4. 热销返场

直播临近结束的前 40 分钟，主播一般会安排半小时左右的热销返场。热销返场，顾名思义就是将本场直播热销的商品返回直播场再次展示，促进销售。

返场商品的选择一般有两个指标：销售量高和销售额高。热销商品返场时，主播不需要像上一环节商品介绍那样认真地进行商品讲解，这个环节主播的重点在于打消观众疑虑、促进下单。

观众的疑虑一般有以下几个原因：对商品不信任、商品并非刚需、商品价格较高。针对这种情况，主播可以再次强调商品的品牌、成分、与其他同类商品的对比，同时要展现自身专业性，创设使用场景，现场试用商品，讲述使用经历；如能免费提供退换货服务，也有助于提高消费者信任，促进下单。

返场环节节奏要快，主播的语速也可以适当加快，强调直播间优惠活动的时限性，给观众造成紧迫感。返场环节一般单款商品介绍时间 1 ～ 3 分钟，不宜过长。

5. 粉丝互动

在直播中，观众可以发弹幕与主播互动，参与评论或质疑；同时，主播也可以根据弹幕内容与观众互动。毫无互动的直播，会导致观众流失，直播效果自然受影响。

敲黑板

粉丝互动并非一个完整的、独立的环节，而是分散贯穿在整个直播过程中。

直播活动中的互动由发起方和奖励两个要素组成。其中，发起方决定了互动的参与形式与玩法，奖励则直接影响互动的效果。直播互动类型如图 6－11 所示。

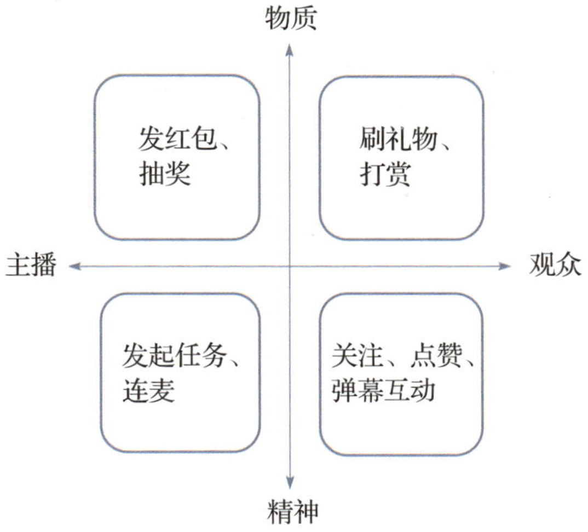

图 6－11 直播互动类型

图 6－11 所示的横轴为发起方轴，纵轴为奖励轴，由发起方轴与奖励轴分隔出的四个象限，包含了直播互动的四类玩法。

第一象限（右上角区域）代表观众发起互动，以物质作为奖励。即观众通过直播平台的礼物系统，送给主播礼物（虚拟礼物）。礼物形式根据平台而定，包括“火箭”“跑车”等。

第二象限（左上角区域）代表主播发起互动，以物质作为奖励。通常以发直播红包或抽奖后快递寄送礼物为主要形式。

第三象限（左下角区域）代表主播发起互动，以精神作为奖励。主播可以在直播中邀请观众一起完成某项任务，完成后授予称号（如“守护”“管理”等），或与粉丝连麦互动，或进行小段才艺表演等。

第四象限（右下角区域）代表观众发起互动，以精神作为奖励。如关注主播（送粉丝灯牌）、为主播点赞、通过弹幕参与互动讨论等，都代表观众对于主播或主办方的支持。根据现有主流直播平台的直播间推荐机制，更多的互动参与也能为直播间争取更多的平台公域流量。

考考你

以下互动行为，分别属于直播互动分类的哪个象限？

1. 观众在快手某“网红”直播间赠送礼物“跑车”。
2. 主播从弹幕里挑选一首歌，唱一段给观众听。
3. 某主播在直播间发 10 万元红包。
4. 观众关注某主播并为其点赞。

6. 预告收尾

直播结束后，需要解决的最核心问题即流量问题——无论现场观众是过十万人还是过百万人，一旦直播结束，观众马上散去，流量随之清空。为了利用直播现场的流量，在直播结束时的重要任务就是要做好下场直播的预告，同时引导关注，让观众尽可能多地变成自己的粉丝。另外，在直播平台允许的情况下，也可以将流量引向销售平台、自媒体平台和粉丝群。

流量引导至自媒体平台，从收尾表现上看即引导关注自媒体账号。在直播结束时，主播可将企业的自媒体账号及关注方式告诉观众，以便直播后继续向观众传达企业信息。如某服装品牌的直播收尾是："今天的直播就到这里。欢迎大家关注我们的微信公众号××，以后最新的打折和新品信息都会通过这个公众号发出来。对了，关注之后回复'惊喜'两个字，还会获得一张50元代金券，以后在我们店铺购买衣服的时候就可以直接减去50元钱了。记得告诉你的姐妹们，一起省钱哦!"

三、播后复盘阶段写作

"复盘"一词来源于股市，指的是股市收盘后利用静态数据再看一遍市场全貌，总结股市资金流向、大盘抛压、涨跌原因等，使下一步操作时更好地做出判断，更符合当前的市场情况。

为了持续提升营销效果，企业营销活动结束后通常也需要进行复盘，总结经验教训，并作为下一次营销活动的参考，直播营销也不例外。

对于超预期的直播活动，需要分析各环节的经验，将有效的经验应用于下一次直播；对于未达到预期的直播活动，也需要总结失误之处，并思考改善方式，避免在接下来的直播活动中出现类似的失误。没有进行直播复盘或没有提炼直播经验，对直播工作而言是一种巨大的损失。

播后复盘包括数据分析、经验总结、资料留存与传播。

1. 数据分析

数据分析主要是利用客观数据进行复盘分析。直播数据复盘是直播运营的一个重要维度，因为一场直播只盯着销量是不够的，还要通过数据的变化情况及时总结与反思。数据分析是直播运营中非常关键的一个环节。主播通过数据复盘回顾并不断优化直播的整个过程，总结出直播中的各种不足，然后在下一场直播中改进，以获得更好的直播效果。

直播间数据分析的基本思路如下：

（1）确定数据分析目标。

要进行数据分析，首先要明确数据分析的目标。通常来说，做数据分析的目标主要有以下三种：寻找直播间数据波动的原因，数据上升或下降都属于数据波动；通过数据分析寻找优化直播内容、提升直播效果的方案；通过数据规律推测平台算法，然后从算法出发对直播进行优化。

（2）获取数据。

开展数据分析首先要有足够多的有效数据，主播可以通过账号后台、平台提供的数据分析工具，以及第三方数据分析工具来获取数据。

在主播账号后台，通常会有直播数据统计，主播可以在直播过程中或直播结束后通过账号后台获得直播数据。以淘宝直播为例，主播可以通过淘宝直播中控台、淘宝主播App两个渠道获得直播数据。主流直播平台也提供数据分析工具，如淘宝平台的“数据银行”“生意参谋”“达摩盘”等，抖音的“电商罗盘”等，这些工具能帮助卖家了解自己的直播情况。抖音某童装账号“电商罗盘”提供的直播数据如图6－12、图6－13所示。

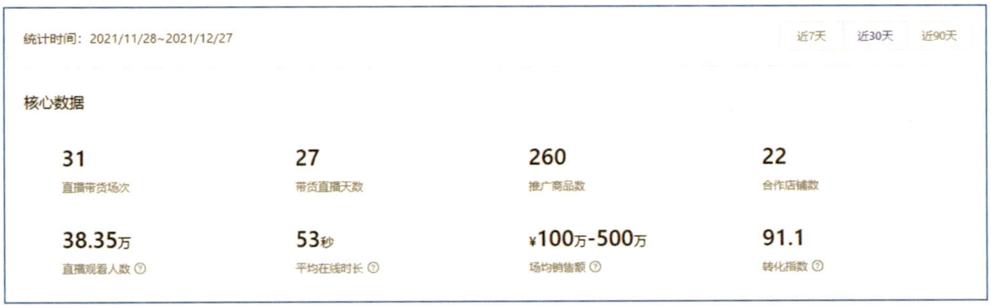

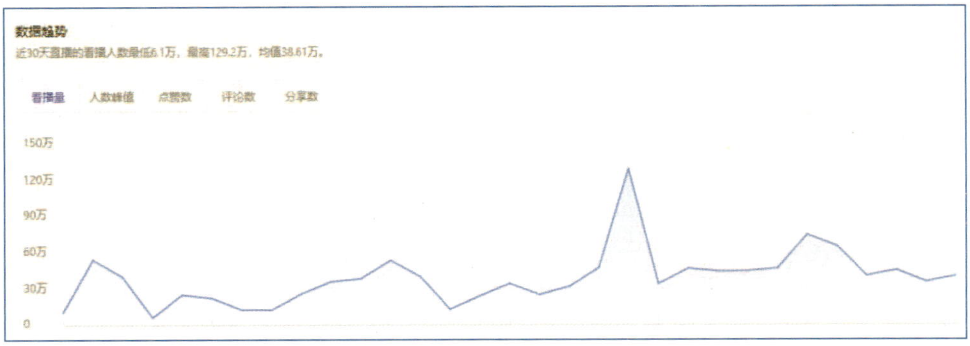

直播列表

指标最少选择1个，最多选择4个

观看量　平均观看时长　单场销售额　单场转化指数　人数峰值　平均在线人数　转赞评数　推广商品数　主推类目　主推价格区间

直播信息	观看量	平均观看时长	单场销售额	单场转化指数	操作
2021-12-26 08:44:48 时长：8时45分16秒	40.3万	53秒	¥100万-500万	89.9	查看商品
2021-12-24 08:28:14 时长：8时11分1秒	35.4万	49秒	¥50万-100万	90.8	查看商品
2021-12-23 08:18:02 时长：8时3分0秒	45万	48秒	¥50万-100万	91.4	查看商品

图 6－12　抖音某童装账号“电商罗盘”直播部分数据截图

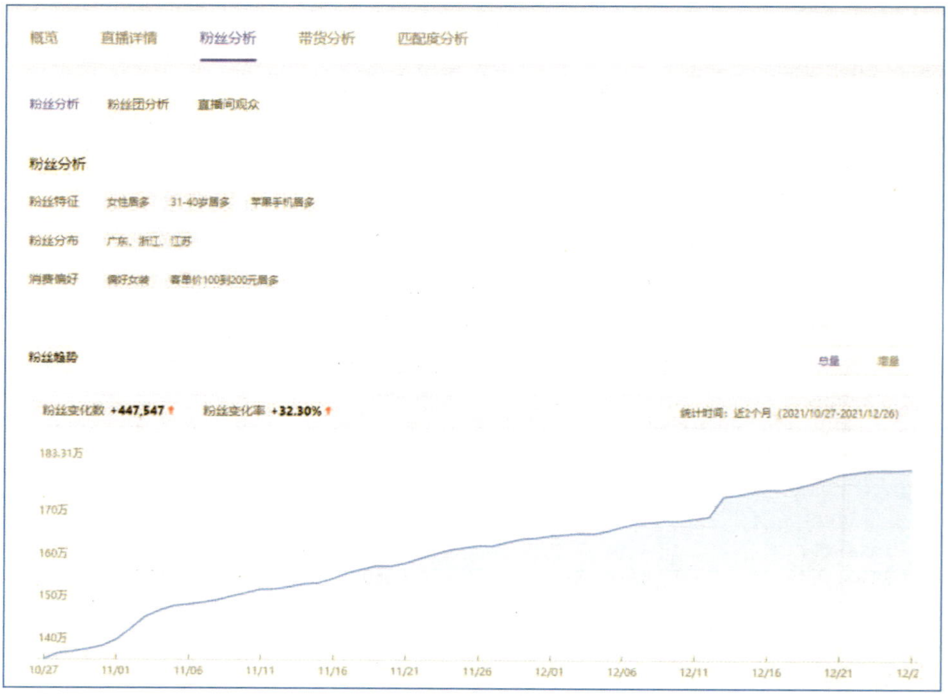

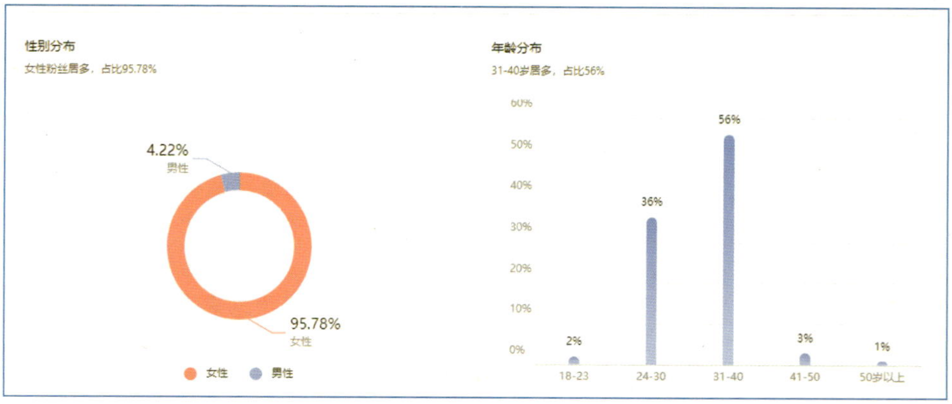

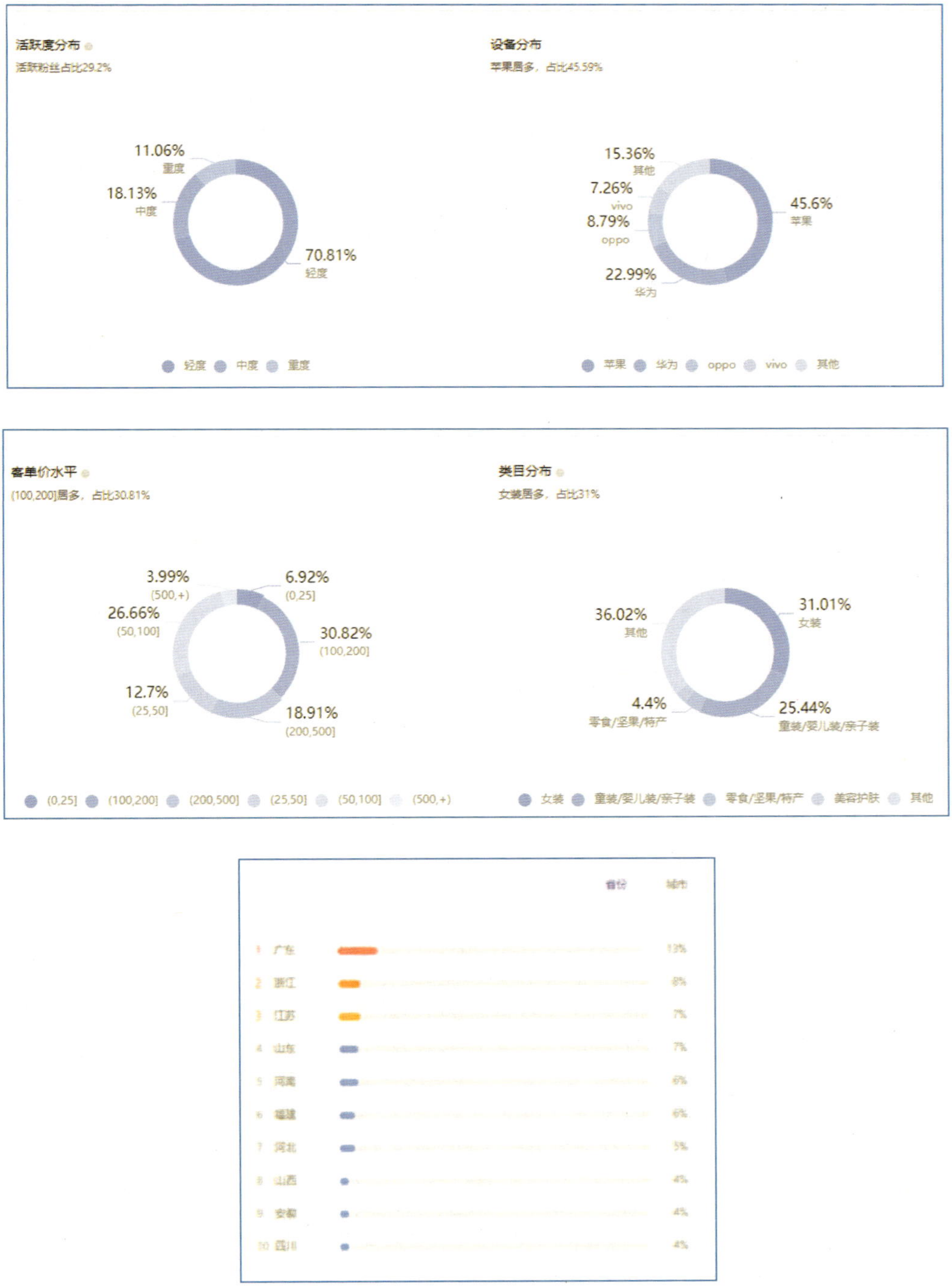

图 6 - 13　抖音某童装账号“电商罗盘”粉丝分析数据截图

除此之外，市场上还有很多专门为用户提供直播数据分析的第三方数据分析工具，如“飞瓜数据”“蝉妈妈”等。

（3）统计数据。

主播可以根据数据分析的目标对数据进行计算，以获得更丰富的数据信息，激发更多的改进思路。数据计算包括数据求和、平均数计算、比例计算、趋势分析等。为了提高工作效率，主播可以使用 Excel 的相关功能对数据进行计算。抖音某童装账号部分直播数据统计如表 6－5 所示。

表 6－5　抖音某童装账号部分直播数据统计

直播时间	直播时长	观看量	平均观看时长	单场销售额	单场转化指数	人数峰值	平均在线人数	转赞评数	推广商品数
2021 年 12 月 19 日	5 时 55 分 29 秒	46.4 万	51 秒	14 727 37 元	91.7	6 766 人	2 701 人	22.9 万	93 个
2021 年 12 月 20 日	12 时 00 分 10 秒	74.2 万	51 秒	1 235 487 元	91.3	6 253 人	2 256 人	36.8 万	103 个
2021 年 12 月 21 日	14 时 48 分 39 秒	64.8 万	26 秒	945 783 元	91.3	6 993 人	1 727 人	43.5 万	98 个
2021 年 12 月 22 日	8 时 17 分 09 秒	40.3 万	49 秒	936 205 元	91.7	3 782 人	1 717 人	21 万	103 个
2021 年 12 月 23 日	8 时 03 分 00 秒	45 万	48 秒	1 043 217 元	91.4	4 552 人	1 907 人	19.7 万	100 个
2021 年 12 月 24 日	8 时 11 分 01 秒	35.4 万	49 秒	830 396 元	91.8	4 245 人	1 508 人	13.4 万	97 个
2021 年 12 月 26 日	8 时 45 分 16 秒	40.3 万	53 秒	959 956 元	89.9	4 730 人	1 726 人	11.2 万	83 个

（4）分析数据。

完成数据的获取与处理工作后，接下来就要对数据进行分析。目前最常用的分析方法是对比分析法和特殊事件分析法。

1）对比分析法。对比分析法又称比较分析法，指将两个或两个以上的数据进行对比，并分析数据之间的差异，从而揭示其背后隐藏的规律。通过对比分析，主播可以找出异常数据。异常数据并非指表现差的数据，而是指偏离平均值较大的数据。例如，某主播每场直播的新增用户数在 50 ～ 100 个，但某一场直播的新增用户数达到 200 个，新增用户数与之前相比偏差较大，因此属于异常数据。主播需要对此数据进行仔细分析，查找造成异常数据的原因。

2）特殊事件分析法。很多直播数据出现异常可能与某个特殊事件有关，如平台直播首页或频道改版、主播变更直播标签、主播变更开播时间段等。主播在记录日常数据的同时，也要注意记录这些特殊事件，以利于在直播数据出现异常时，找到数据变化与特殊事件之间的关系。

2. 经验总结

经验总结主要是直播团队在主观层面对直播过程进行剖析与总结。

数据分析只能体现直播的客观效果，而流程设置、团队协作、主播的话术等主观层面的内容无法用数据获取，需要团队成员通过自我分析、团队讨论等方式进行总结，并将总结结果记录下来，整理成经验手册，便于后续脚本设计及直播营销参考。

需要注意的是，脚本不是一成不变的，是需要不断优化的。一场直播在按脚本执行的时候，可以分时间段记录下各种数据和问题，结束后进行复盘分析，对不同时间段里的优点和缺点进行总结，不断地调整脚本。直播久了，自然就会掌握制定直播脚本的策略和方法，对于直播脚本的高效运用也就更加得心应手了。

3. 资料留存与传播

资料留存是指直播结束后复盘的数据、团队总结的问题、注意事项，均要以文档的形式保存下来，直播的全程视频也应保留下来。一是留存后便于以后再次复盘；二是处理一些有争议的售后问题时，可以使用视频回放截图；三是可以剪辑一些有趣的片段，制作成宣传短视频，进行传播，让直播的效果得以延续。

任务实施

1. 直播概况写作

请你为某服装厂商设计撰写直播概况，完成表 6 - 6。

表 6 - 6 直播概况

直播标题			
直播时间		直播平台	
直播团队			
直播场室			
直播目标			
内容策划			
直播预热			
宣传渠道			

2. 直播流程写作

某化妆品品牌在 3 月 8 日策划了一场以“女神节”为主题的促销活动，商品包含该品牌的新品和经典品共 50 余款。主推由某演员代言的草本系列的新品，但是这个系列新品优惠力度并不大，所以公司也配套了一款经典洗面奶和部分面膜做限时秒杀活动。假设你是该直播团队的文案策划人员，请你为这场直播进行整场脚本设计。

（1）请为这场直播设计一段开场预热的文案。

（2）你认为本次直播适合哪种主题引入方式？写一段主题引入文案。

（3）介绍商品时，可以按什么原则进行商品排序？

（4）直播过程中你会采用哪些粉丝互动方式？请写下来并说明原因。

（5）请为本次直播写一段预告收尾文案。

3. 复盘留存传播

某品牌邀请了某知名演员到品牌直播间分享护肤技巧，当天直播在线观看人数超过 10 万。为了让本次直播产生的效果得到延续，持续提升品牌知名度，提高推介商品的销量，请你为本次直播撰写一份简单的播后传播方案。

（1）请设计出传播媒介及传播路径。

（2）请写出传播活动策划方案。

思政园地

县长直播助力县域新型经济发展

为了缓解新冠肺炎疫情期间农产品销售受阻的问题，2020 年 2 月，抖音推出“战疫助农，县长来了”系列公益直播活动，邀请县长参与直播带货，客串直播主播，为家乡农产品“代言”。

抖音提供的数据显示，自活动启动至2020年4月26日，抖音共有63位县长参与直播助农，销售额超过7 800万元。截至2020年11月，该活动累计帮助贫困县增收6 819万元。

之所以县长直播带货取得如此亮眼的销售成绩，同县长“自带流量”有很大关系。一方面，人们对这种新的带货方式感到好奇，而购买县长所带农货。另一方面，县长为本地企业与商品站台和背书，更能赢得消费者的信任感。

在商品的选择方面，县长直播带货往往优先选择受疫情影响而对打开销路有切实需求的商品类别，以及在种植、加工和流通环节具备一定基础的产业，从而可以让助农工作产生长效影响。从县长直播带的“货”来看，都是当地特色鲜明的农产品和旅游产品。其中，县长直播带货最多的是种植业产品，占比56.57%；其次是肉、水产品、油脂类等加工品，占比26.48%；此外，旅游产品占比9.43%。这从侧面说明，要在县域经济发展中注重以农业为基本盘，围绕“农”字做文章。同时，进一步激活和发展乡村旅游是县域经济发展的大势所趋，而直播在这个方面能发挥优势。

综合练习

一、判断题

1. 直播营销的目的在于商品销售，所以要专心介绍商品，不要做与商品无关的事情。(　　)

2. 直播脚本是为新手主播准备的，有经验的主播不需要提前准备脚本。(　　)

3. 完整的直播脚本有利于直播结束后复盘总结，以期在下一次直播时优化改进。(　　)

4. 直播时间到了就准时开播，不能早也不能晚。(　　)

二、多选题

1. 一份整场直播脚本主要包括(　　)。

A. 直播目标　B. 人员安排　C. 直播流程　D. 直播预热

2. 直播预热素材主要包括(　　)。

A. 预告文案　B. 预热海报　C. 预热视频　D. 时事新闻

3. 直播脚本的要素包括直播目标、直播人员、(　　)、(　　)、目标观众、(　　)。

A. 直播主题　B. 直播时间　C. 直播内容　D. 直播游戏

三、案例分析

2020年7月8日，“保险公众宣传日”到来之际，平安车险旗下“平安好车主”App

联合虎嗅传媒以直播形式发布最新品牌战略。此次直播活动以车主用车生活为场景核心，融合“平安好车主”App特色功能及活动介绍，引来超过20万观众观看。

开场前，中国平安发微博为活动造势，为直播引来第一批粉丝。直播刚开场，主播就宣布发出1 000元红包，鼓励观众分享直播间、邀请身边的朋友到直播间，并参与抢红包活动。由于本场直播与车相关，主播在开场时与嘉宾充分互动，引导嘉宾对“加油太烧钱”“开车成本高”“上下班开车为钱烦心”等话题进行交流，粉丝们也在评论区发言交流。主播引导粉丝关注，让已关注的粉丝在评论区统一发“平安好车主”，随机截图抽取3名幸运粉丝，通过App赠送50元加油优惠券。话题交流的过程中，主播适时融入介绍了“平安好车主”App的部分功能。

在现场红包福利与趣味直播互动的带动下，直播间在线观众、App下载人数不断攀升，整体直播效果超出预期。

阅读案例，回答以下问题：

请结合本项目所学内容，指出本场直播应用了哪些开场预热和粉丝互动的方式。

REFERENCE

参考文献

［1］梁宸瑜，曹云露，马英. 直播带货. 北京：人民邮电出版社，2020.

［2］郑清元. 直播就该这么做. 北京：机械工业出版社，2020.

［3］易播教育. 直播带货从入门到精通. 北京：北京大学出版社，2021.

［4］王萍，耿慧慧. 抖音电商实战. 北京：中国铁道出版社，2020.

［5］骏君，李剑豪. 直播营销. 北京：中华工商联合出版社，2021.

［6］流年小筑. 微文案. 北京：机械工业出版社，2021.

［7］直播商学院. 直播文案策划与编写从入门到精通. 北京：化学工业出版社，2021.

［8］王中伟. 卖货文案. 北京：电子工业出版社，2020.

［9］王萍，耿慧慧，王宇昕. 短视频＋直播：电商文案策划与编写. 北京：化学工业出版社，2021.

［10］高清芸. 卖货文案就该这样写. 北京：机械工业出版社，2021.

［11］苏芯. 文案基本功：9大爆款文案创作技巧. 北京：电子工业出版社，2019.

［12］兰晓华. 说服力：电商文案这样写才有效. 北京：清华大学出版社，2016.

图书在版编目（CIP）数据

直播文案写作 / 辛丽如主编. -- 北京 ：中国人民大学出版社，2022.6

新编 21 世纪职业教育精品教材·电子商务类

ISBN 978-7-300-30667-4

Ⅰ. ①直… Ⅱ. ①辛… Ⅲ. ①广告文案－写作－职业教育－教材 Ⅳ. ① F713.812

中国版本图书馆 CIP 数据核字（2022）第 095914 号

新编 21 世纪职业教育精品教材·电子商务类

直播文案写作

主　编　辛丽如

副主编　谢莲珍　吴苑莎

参　编　陈锐虹　林冰钿　王　冰

Zhibo Wen'an Xiezuo

出版发行	中国人民大学出版社		
社　　址	北京中关村大街 31 号	**邮政编码**	100080
电　　话	010－62511242（总编室）		010－62511770（质管部）
	010－82501766（邮购部）		010－62514148（门市部）
	010－62515195（发行公司）		010－62515275（盗版举报）
网　　址	http://www.crup.com.cn		
经　　销	新华书店		
印　　刷	北京瑞禾彩色印刷有限公司		
规　　格	185 mm × 260 mm　16 开本	**版　　次**	2022 年 6 月第 1 版
印　　张	12.5	**印　　次**	2022 年 6 月第 1 次印刷
字　　数	276 000	**定　　价**	48.00 元